L'univers enchanté d'Anita Catita

en couture créative

Sandra Reis

les éditions de saxe

Bonjour, je m'appelle Sandra. J'ai 46 ans, je suis mariée et mère de deux enfants.
Je suis la créatrice de la marque Anita Catita. J'ai déjà écrit plusieurs livres
de couture créative et, dans ce livre, j'ai décidé de regrouper certaines poupées
de mon choix. Cette fois encore, en collaboration avec l'entreprise textile Fabricart.

Nous vivons à une époque où la technologie s'est emparée des jouets. La traditionnelle poupée de chiffon a été remplacée par une poupée qui pleure, qui rit et qui marche. Bien qu'apparemment attrayants, ces jouets limitent la créativité. La poupée de chiffon, avec sa simplicité, inverse cette réalité et stimule le développement émotionnel et créatif des enfants.

Selon le philosophe et scientifique autrichien Rudolf Steiner, « la poupée dans la main d'un enfant est pour lui un miroir de son être ». Les poupées de chiffon fabriquées à la main stimulent la tendresse et créent des liens d'affection.

L'auteure
Sandra Reis

SOMMAIRE

Petite chatte 6

Anita couturière 8

Lapin malin 12

Danseuse 16

Petite oie 20

Poupée de chiffon 24

Kokeshi 28

Sainte Famille 30

Rennes 34

Oursons 40

Brebis lavande 46

Pirates 50

Sweet bunny 54

Petite fée des dents 56

Frida 60

Patrons 62

Patrons
page 62

Petite chatte

Fournitures

- 2 fois 35 x 40 cm de tissu écru
- 1 fois 20 x 50 cm de tissu imprimé (robe)
- 2 fois 12 x 15 cm de tissu imprimé (manches)
- 1 fois 3 x 20 cm de tissu imprimé (col)
- 50 cm de dentelle (robe)
- 26 cm de dentelle (bandeau tête)
- 1 fois 4 x 4 cm de feutrine marron (nez)
- 1 bouton décoratif
- Toile thermocollante (col)
- Fil marron
- 1 fleur
- Ouate de rembourrage
- Pistolet à colle

1 Reportez le patron du corps, de la queue, des bras et des jambes sur l'envers d'un tissu écru. Assemblez-les, endroit contre endroit, épinglez et cousez, sur le trait. Laissez l'ouverture, comme indiqué sur le patron. Coupez le surplus de tissu en laissant 1 cm de marge de couture. Crantez autour des pièces et retournez-les sur l'endroit. Faites une entaille verticale dans les bras, sur un seul côté du tissu, et retournez. Rembourrez de ouate toutes les pièces et fermez l'ouverture des bras.

2 Centrez les jambes au bas du corps, épinglez et cousez à la machine ou à la main à petits points serrés. Cousez la queue dans le dos, à environ 4 cm de la couture des jambes.

3 Reportez le patron du nez sur la feutrine, coupez et collez-la. Peignez le visage (yeux, bouche, joues et moustaches). Brodez les pattes avec du fil marron.

4 Robe : faites un ourlet de 1 cm sur l'une des longueurs du tissu. Appliquez la dentelle. Pliez le tissu en 2, endroit contre endroit, et cousez sur la hauteur. Retournez-le sur l'endroit. Faites un ourlet de 1 cm autour de la partie supérieure de la robe, passez un fil de fronce résistant. Enfilez la robe sur la petite chatte, tirez sur le fil pour froncer le tissu et arrêtez-le par quelques points serrés. Sur la couture de la robe, décousez environ sur 3 cm, à la hauteur de la queue, pour pouvoir la passer. Fermez la couture par quelques points serrés, une fois la queue fixée.

5 Manches : pliez les tissus de 12 x 15 cm, endroit contre endroit. Cousez sur la hauteur. En conservant les pièces sur l'envers, passez un fil de fronce résistant sur la partie supérieure. Tirez complètement sur le fil pour froncer le tissu, arrêtez-le par quelques points serrés, et retournez les manches sur l'endroit. Collez les bras à l'intérieur des manches et froncez-les, cette fois sur l'ouverture du bas. Tirez sur le fil, arrêtez-le par quelques points serrés, en l'attachant au bras. Retournez le tissu froncé vers l'intérieur pour obtenir une manche bouffante. Avec un peu de colle chaude, appliquez les manches à 1,5 cm du cou.

6 Col : thermocollez la bande de tissu de 3 x 20 cm destinée au col. Reportez le patron sur l'envers et coupez. Appliquez-la autour du cou de la petite chatte. Décorez avec un bouton.

7 Placez la dentelle sur la tête et décorez-la avec une fleur.

Patrons
page 63

Anita couturière

Pour décorer notre coin couture.

1 Reportez le patron du corps de la poupée sur l' envers d'un tissu écru. Superposez les 2 pièces, endroit contre endroit et cousez sur le trait. Répétez le procédé avec les patrons des bras et de la tête. Coupez les surplus et faites deux angles de 6 cm chacun sur la base du corps. Retournez sur l'endroit, rembourrez de ouate et, avant de fermer l'ouverture, placez un petit sac de sable. Pour retourner la tête sur l'endroit, faites une petite incision sur l'un des côtés, comme indiqué sur le patron. Retournez sur l'endroit, rembourrez, et fermez l'ouverture à points croisés. Répétez le procédé avec les bras.

2 Manches : superposez les 2 pièces, endroit contre endroit, reportez le patron sur l'envers de l'un d'eux, cousez, coupez le surplus, et retournez sur l'endroit. Une fois terminé, placez une petite boule de rembourrage à l'intérieur des manches et, seulement après, enfilez les bras. Passez un fil de fronce à l'ouverture des manches, tirez sur le fil, et arrêtez-le par deux petits points serrés.

Fournitures

- 2 fois 23 x 47 cm de tissu écru (corps)
- 2 fois 14 x 15 cm de tissu écru (tête)
- 2 fois 15 x 17 cm de tissu écru (bras)
- 1 fois 37 x 85 cm de tissu imprimé (robe)
- 2 fois 13 x 20 cm de tissu imprimé (manches)
- 1 fois 21 x 110 cm de tissu à pois (jupe)
- 1 fois 18 x 36 cm de tissu uni (tablier)
- 1 fois 18 x 36 cm de tissu imprimé (doublure du tablier)
- 1 fois 25 x 36 cm de tissu uni (poche du tablier)
- 1 fois 5 x 90 cm de tissu (attache du tablier)
- 85 cm de broderie anglaise
- 110 cm de broderie anglaise
- 30 cm de ruban de satin
- Chutes de tissus et boutons
- Laine pour les cheveux
- Ouate de rembourrage
- Sac de sable (pour stabiliser la poupée, facultatif)
- Tampons, motifs
- Pistolet à colle

Conseils

Pour donner un style vintage à vos dentelles ou broderies blanches, trempez-les pendant 1 minute dans du thé noir chaud. Puis laissez sécher à l'air libre.

3 Robe et jupe : faites un petit ourlet à la base du tissu fleuri de 37 x 85 cm et appliquez la broderie anglaise. Répétez le procédé avec le tissu à pois de 21 x 110 cm destiné à la jupe. Sur la partie supérieure de la jupe, faites un petit ourlet en passant un fil de fronce résistant et froncez jusqu'à obtenir 85 cm. Cousez la jupe sur le tissu de la robe, à environ 12 cm du haut de celle-ci. Pour en faciliter la réalisation, marquez préalablement cette mesure sur la robe. Fermez la robe et la jupe simultanément, en cousant sur la hauteur.

4 Habillez la poupée, passez un fil de fronce en haut de la robe, tirez sur le fil et arrêtez-le à environ 7 cm du début du cou. Collez les manches sur les côtés de la robe avec un peu de colle chaude. Appliquez un ruban de satin à 4 cm du haut pour marquer la taille empire.

5 Tablier : pliez le tissu de la poche en deux, sur la longueur. Imprimez ou brodez des motifs en lien avec la couture. Appliquez-les dans l'ordre suivant : tissu du tablier, l'endroit vers soi, poche décorée, l'endroit vers soi, et doublure du tablier, l'envers vers soi. Épinglez le tout, et cousez les côtés et le fond. Retournez sur l'endroit, faites les divisions sur la poche, et trois plis de 3 cm chacun sur la partie supérieure du tablier. Marquez le milieu du haut du tablier. Faites la même chose sur l'attache. Alignez les centres en plaçant l'endroit de l'attache sur l'envers du tablier. Cousez, retournez l'attache sur l'endroit, pliez le bord, et cousez à petits points serrés sur toute la longueur. Placez le tablier sur la poupée.

6 Collez la tête avec de la colle chaude et renforcez par quelques points croisés. Réalisez la chevelure en suivant le Point 7 de Frida p. 61, en faisant un chignon de chaque côté au lieu des tresses. Collez-les sur la nuque.

7 Rassemblez quelques chutes de tissu, décorez le dessus avec des boutons, et collez le tout sur le haut de la tête. Peignez le visage.

COSTURA
Catita

Patrons
page 64

Lapin malin

Un copain sympa !

Fournitures

- 2 fois 35 x 45 cm de tissu écru (corps)
- 2 fois 22 x 27 cm de tissu rayé (combinaison)
- 2 fois 10 x 20 cm de tissu uni (oreilles)
- 2 fois 10 x 20 cm de tissu rayé (oreilles)
- 1 fois 15 x 25 cm de tissu (foulard)
- 1 fois 13 x 13 cm de tissu écru (queue)
- 1 carré de feutrine marron pour le nez
- 2 fois 48 cm de fil de fer fin
- Ouate de rembourrage
- Pistolet à colle

1 Reportez les patrons haut et bas du corps et assemblez-les pour obtenir le patron complet. Reportez-le sur l'envers d'un tissu écru et répétez le procédé avec le patron des bras. Placez les deux rectangles de tissu, endroit contre endroit, épinglez-les, et cousez sur le trait. Coupez le surplus de tissu en laissant 0,5 cm de marge de couture. Crantez la marge de couture dans les arrondis. Faites une entaille verticale dans le dos et retournez le corps. Faites une incision, également verticale, en haut et à l'intérieur de chaque bras et retournez-les (voir le patron). (Attention, l'incision devra être à l'intérieur de chaque bras afin qu'elle ne soit pas visible). Remplissez le corps et les bras de ouate. Fermez les ouvertures à petits points serrés. Fixez les bras à 1 cm de l'encolure, à l'aide du pistolet à colle.

2 Pour la combinaison, reportez le patron sur l'envers d'un tissu rayé. Placez les deux tissus rayés, endroit contre endroit, et coudre sur le trait, selon les indications du patron. Si vous le souhaitez, réalisez une petite poche et cousez-la (voir photo p. 15). Coupez en laissant 0,5 cm de marge de couture et retournez la combinaison sur l'endroit.

3 Enfilez la combinaison sur le lapin, et faites un ourlet de 1 cm autour de l'encolure. Pliez le bord supérieur, envers contre envers. Passez un fil de fronce, en partant du milieu dos de l'encolure. Faites un petit ourlet autour des emmanchures. Puis continuez autour de l'encolure jusqu'au point de départ. Tirez sur le fil pour froncer le tissu et arrêtez-le par quelques points serrés.

4 Reportez le patron des oreilles sur l'envers du tissu uni. Posez-le sur le tissu rayé, endroit contre endroit. Piquez sur le trait. Coupez à 0,5 cm et retournez. Façonnez le fil de fer fin, de manière à lui donner la forme de l'oreille et enfilez-le à l'intérieur de celle-ci en laissant dépasser 2 cm de fil de fer de chaque côté. Fixez le fil de fer à petits points. Repliez la marge de couture de l'ouverture (en bas des oreilles) sur l'envers. Centrez les oreilles sur la tête, en suivant les indications du patron. Faites rentrer les 2 cm de fil de fer dans la tête, avant de coudre les oreilles à petits points. Le fil de fer rendra les oreilles malléables.

5 Pliez le tissu de 15 x 25 cm en forme de triangle et nouez-le autour du cou.

6 Reportez le patron du nez sur la feutrine marron. Coupez-le à bord brut et collez-le sur le visage. Peignez les moustaches et les yeux en noir. Puis faites les joues en appliquant un peu de rouge à l'aide d'un pinceau sec.

7 Pour la queue, dessinez un cercle de 10 cm de diamètre sur le tissu de 13 x 13 cm. Laissez une marge de 1 cm.
Coupez et passez un fil de fronce résistant autour du cercle, tirez, froncez et remplissez de ouate pour former une petite boule.
Arrêtez par quelques points et fixez la queue à l'arrière de la combinaison avec le pistolet à colle.

OWERS
&
GARDEN

Danseuse

Danser, danser, danser…

1 Reportez le patron du corps de la danseuse sur l'envers de l'un des tissus de 14 x 23 cm. Assemblez-les, endroit contre endroit, épinglez-les et cousez sur le trait, en laissant l'ouverture comme indiqué sur le patron. Coupez le surplus de tissu en laissant 0,5 cm de marge de couture. Crantez la marge de couture dans l'arrondi. Retournez sur l'endroit et rembourrez de ouate.

2 Pour les bras, répétez le procédé de l'Étape 1 en utilisant les tissus de 6 x 14 cm. Une fois rembourrés, rabattez 0,5 cm de tissu à l'intérieur de l'ouverture.

3 Pour les jambes, cousez les tissus de 6 x 16 cm aux carrés de tissu à pois de 6 x 6 cm. Ouvrez les coutures au fer. Assemblez les bandes, 2 par 2, endroit contre endroit. Alignez les coutures et épinglez. Reportez le patron des jambes sur l'envers des bandes. Attention, le trait qui sépare la jambe du chausson doit se trouver sur la couture qui assemble les deux tissus. Cousez sur le trait, coupez le surplus en laissant une petite marge. Retournez et rembourrez de ouate.

4 Centrez les jambes au bas du corps et épinglez-les. Fermez à petits points serrés.

5 Collez ou cousez les bras à 1 cm du cou et sur la couture latérale de la poupée. Reportez les deux patrons des cheveux sur la feutrine noire, coupez et placez-les sur la tête. Assemblez les deux parties arrondies avec du fil noir et au point de feston puis collez la frange sur le front.

6 Pour les chignons, attachez les extrémités de 3 brins de laine avec un peu de fil noir et faites une tresse. Attachez l'extrémité. À l'aide de quelques gouttes de colle, enroulez la tresse en forme de spirale pour faire le chignon. Pour l'autre chignon, suivez le même procédé. Une fois terminés, appliquez un peu de colle chaude au centre des chignons et collez-les sur les côtés de la tête de la danseuse. Les extrémités sont cachées à l'intérieur de la zone de collage.

Fournitures

- 2 fois 14 x 23 cm de tissu écru (corps)
- 4 fois 6 x 14 cm de tissu écru (bras)
- 4 fois 6 x 16 cm de tissu écru (jambes)
- 4 fois 6 x 6 cm de tissu à pois (chaussons)
- 1 fois 14 x 65 cm de tissu à pois (jupe)
- 1 fois 9 x 20 cm de tissu à pois (ceinture)
- 1 fois 4,5 x 27 cm de tissu à pois (cou)
- 6 fois 14 x 65 cm de tulle
- 2 fois 12 x 12 cm de feutrine noire
- 6 fois 45 cm de laine noire (tresses)
- 4 cm de dentelle
- 2 fois 40 cm de ruban de satin rose
- 20 cm de ruban de satin rose
- 1 fleur
- Ouate de rembourrage
- Pistolet à colle

Patrons
page 65

7 Collez la dentelle à 1,5 cm du cou, au centre du buste. À l'aide du fer à repasser, rabattez 1 cm sur l'envers des longs bords de la bande de 4,5 x 27 cm. Placez-la sur le devant de la poupée en faisant attention de laisser apparaître la dentelle. Faites quelques points pour fixer les extrémités.

8 Avec le fer à repasser, rabattez 2 cm sur les deux longueurs du rectangle de 9 x 20 cm pour obtenir la ceinture. Repassez-la et placez-la autour de la taille en la fixant dans le dos par quelques points.

9 Pour la jupe, placez la pièce de tissu de 14 x 65 cm, l'endroit tourné vers soi et superposez les six pièces de tulle. Épinglez les sept pièces. Rabattez 1 cm à l'intérieur et passez un fil de fronce résistant. Placez la jupe sur la poupée, tirez sur le fil pour la froncer jusqu'à ce qu'elle soit ajustée au corps et, avec le même fil, assemblez les deux hauteurs de la jupe. Cachez cette finition avec un petit nœud en satin.

10 Croisez les morceaux de ruban de satin de 40 cm, au-dessus des chaussons de danse. Le croisé doit se terminer derrière. Attachez en faisant deux petits nœuds. Peignez les yeux et les joues, puis décorez les cheveux avec une fleur.

Patrons
page 66

Petite oie

Dans la chambre d'un enfant ou dans un coin de la maison, pour se souvenir de la campagne avec ses fleurs. Coin coin !

Fournitures

- 2 fois 15 x 28 cm de tissu écru (corps)
- 2 fois 11 x 19 cm de tissu écru (ailes)
- 2 fois 16 x 27 cm de tissu écru (jambes)
- 2 fois 10 x 27 cm de tissu ou feutrine jaune (pattes)
- 2 fois 16 x 26 cm de tissu imprimé (cape)
- 1 fois 25 x 50 cm de tissu imprimé (robe)
- 2 fois 8 x 8 cm de feutrine jaune (bec)
- 1 fois 12 x 12 cm de tissu imprimé (chapeau)
- 1 fois 20 x 21 cm de tissu imprimé (chapeau)
- 50 cm de dentelle ou broderie anglaise
- Rubans de satin
- 21 cm de dentelle (facultatif)
- Ouate de rembourrage
- Pistolet à colle

1 Reportez le patron du corps et des ailes sur l'envers des tissus indiqués. Assemblez les tissus identiques, endroit contre endroit, et cousez sur le trait. Laissez l'ouverture comme indiqué sur le patron, coupez le surplus et crantez autour des pièces. Retournez le corps sur l'endroit, et faites une entaille verticale sur les ailes comme indiqué sur le patron. Pour que les entailles soient du bon côté, placez les ailes côte à côte. La plus grande pointe de l'aile est tournée vers l'intérieur et le dos à la pointe de l'autre aile. Retournez-les. Rembourrez toutes les pièces.

2 Cousez les tissus écrus de 16 x 27 cm au tissu ou à la feutrine jaune de 10 x 27 cm. Ouvrez les coutures au fer, assemblez les bandes endroit contre endroit. Alignez les coutures et épinglez. Reportez le patron des jambes sur l'envers de ces bandes. Cousez, coupez le surplus, retournez et rembourrez.

3 Centrez les jambes au bas du corps de l'oie. Épinglez et fermez à petits points serrés. Collez les ailes au début du cou avec de la colle chaude.

4 Reportez le patron du bec sur la feutrine jaune pliée en 2, cousez et coupez le surplus. Appliquez le bec sur le visage de l'oie avec un peu de rembourrage et à points invisibles. Peignez les yeux et les joues.

5 Reportez le patron de la cape sur l'envers d'un tissu choisi. Assemblez-le à l'autre tissu identique, endroit contre endroit, et cousez en laissant une ouverture, comme indiqué sur le patron. Coupez le surplus, retournez et fermez l'ouverture à petits points invisibles. Repassez.

6 Sur le tissu destiné à la robe, faites un ourlet de 1 cm sur l'une des longueurs. Appliquez la dentelle de 50 cm et pliez le tissu en 2, endroit contre endroit. Cousez sur la hauteur. Retournez-le sur l'endroit, placez la couture au milieu du dos et faites une entaille en « V » de 4 cm de profondeur en direction des bras, pour créer les emmanchures.

7 Habillez l'oie et, sur la partie supérieure de la robe, rabattez 1 cm sur l'envers et passez un fil de fronce résistant. Ensuite, dans la direction des ailes, faites en sorte que les fronces passent au-dessus de celles-ci. Tirez sur le fil et arrêtez-le par quelques points serrés. Enfilez la cape et fermez-la devant avec un petit point (ou un bouton).

8 Pour le chapeau, pliez le morceau de tissu de 20 x 21 cm en 2, envers contre envers, de façon à obtenir une pièce double de 10 x 21 cm. Sur la partie pliée (avant du chapeau), vous pouvez, ou non, coudre la dentelle de 21 cm. Reportez le patron de la partie arrière du chapeau sur l'envers du tissu choisi de 12 x 12 cm. Coupez sur le trait. Assemblez l'avant du chapeau aux 3 côtés de la pièce arrière. Faites un ourlet sur la partie droite de l'assemblage. Épinglez, ou passez un fil de fronce, à partir de l'endroit où vous avez appliqué la dentelle sur la partie avant du chapeau. Cousez tout autour, puis faites des petites fronces sur la partie basse du chapeau. Fixez les rubans de satin. Placez le chapeau sur la tête de l'oie et nouez les rubans.

Póupee de chiffon

Patrons
page 67

Poupée de chiffon

Simple et adorable, tous les enfants devraient en avoir une.

1 Reportez le patron du corps et des bras de la poupée sur l'envers d'un tissu écru. Superposez, endroit contre endroit, l'autre tissu ayant la même mesure, épinglez et cousez sur le trait (tout en laissant ouvertes les parties en pointillés indiquées sur les patrons). Pour les bras, ne laissez rien ouvert. Coupez le surplus de tissu en laissant 1 cm de marge de couture.
Crantez les arrondis et le cou, retournez la poupée sur l'endroit. Rembourrez de ouate.

2 Faites une petite entaille horizontale sur l'un des côtés de chaque bras comme indiqué sur le patron (faites attention à ce que l'entaille se trouve sur la face intérieure de chaque bras. Elle ne doit pas être visible ensuite). Retournez-les sur l'endroit, rembourrez-les et fermez l'ouverture à petits points.

3 Reportez le patron des jambes sur l'envers d'un tissu. Superposez l'autre morceau identique, épinglez et cousez en laissant ouvert comme indiqué sur le patron. Coupez le surplus. Crantez les arrondis. Retournez les jambes, rembourrez-les et placez-les au bas du corps de la poupée. Épinglez et cousez le tout.

4 Appliquez les bras sur les côtés de la poupée avec de la colle chaude, à 1 cm du cou.

5 Sur le tissu choisi pour la robe, faites un ourlet de 1 cm sur l'une des longueurs. Appliquez la dentelle. Pliez le tissu en 2, endroit contre endroit, et cousez sur la hauteur. Retournez la robe sur l'endroit, déterminez le milieu (attention, la couture doit se trouver dans le dos de la poupée).

Fournitures

- 2 fois 25 x 30 cm de tissu écru
- 2 fois 22 x 30 cm de tissu imprimé (jambes)
- 1 fois 20 x 50 cm de tissu imprimé (robe)
- 1 fois 10 x 10 cm de tissu différent (cœur)
- 50 cm de dentelle (robe)
- 3 fois 10 x 40 cm de tissu (cheveux)
- 3 fois 13 x 30 cm de tissu (cheveux)
- Fleurs, boutons et rubans de satin
- Ouate de rembourrage
- Pistolet à colle

6 Vous pouvez appliquer un cœur sur la robe. Reportez le patron du cœur sur le tissu indiqué. Appliquez-le avec un peu de colle et faites un point décoratif autour.

7 Faites une entaille en « V » de 3 cm de profondeur sur la robe en direction des bras (emmanchures). Faites un ourlet de 1 cm tout autour de l'encolure. Passez un fil de fronce.

8 Habillez la poupée, positionnez les bras de façon que le fil de fronce soit situé au-dessus de ceux-ci. Tirez sur le fil et arrêtez-le par quelques points serrés. Décorez avec un petit nœud.

9 Pour les cheveux, superposez les 3 pièces de tissu sélectionnées pour la chevelure et pliez-les au milieu dans le sens de la largeur. Faites de petites entailles le long des 10 cm avec les ciseaux cranteurs, sans les séparer totalement. Ouvrez les bandes et passez un fil de fronce au milieu. Pour cette étape, utilisez un fil résistant. Tirez un peu sur le fil jusqu'à obtenir la taille de la chevelure souhaitée. Fermez la couture par quelques points serrés. Répétez l'opération avec les 3 autres bandes de tissu plus petites (voir schémas)

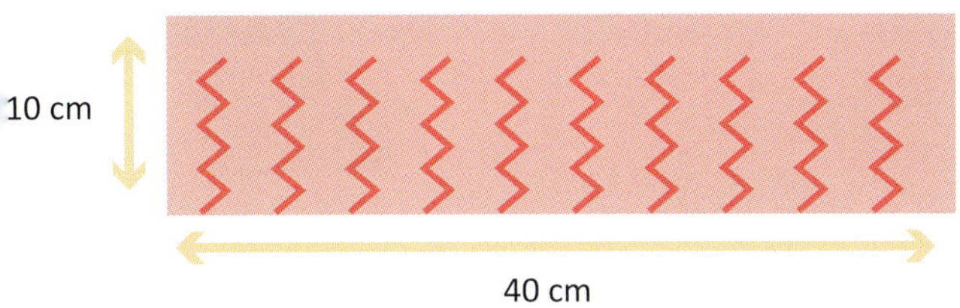

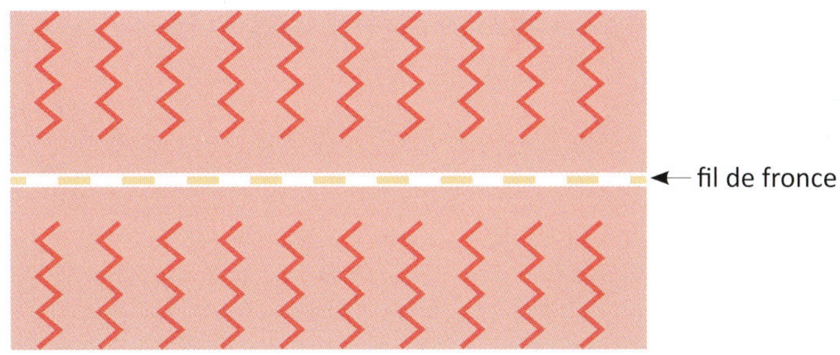

10 Appliquez un trait de colle chaude sur la couture de la tête et collez l'ensemble des plus grandes bandes (faites attention à ce que ce soit la partie de l'endroit de la chevelure qui touche la colle). Ensuite, appliquez un nouveau trait de colle chaude sur la partie supérieure du centre des cheveux, en cachant ainsi les fronces, et, avec cette colle, assemblez rapidement la partie avant avec la partie arrière des cheveux. Répétez l'opération avec l'ensemble des petites bandes, sur la nuque. Coupez la frange.

11 Peignez les yeux et les joues avec du blush. Décorez votre poupée à votre goût, avec des petits nœuds ou des fleurs dans les cheveux.

Remarque

CE PROJET EST ÉGALEMENT DISPONIBLE (EN PORTUGAIS) EN ATELIER VIDÉO SUR MA CHAÎNE YOUTUBE.

Kokeshi

Patrons
page 68

Les Kokeshi, poupées traditionnelles japonaises, datent du XIXème siècle. Elles sont nées de l'utilisation de petits restes de bois.

Fournitures

- 2 fois 12 x 18 cm de tissu écru
- 2 fois 18 x 20 cm de tissu imprimé
- 2 fois 14 x 16 cm de feutrine noire
- 1 fois 20 x 20 cm de tissu imprimé (kimono)
- 2 fois 16 x 20 cm de tissu imprimé (kimono)
- 45 cm de biais
- 2 petits nœuds en satin
- 1 fleur
- Ouate de rembourrage
- Sac de sable pour stabiliser la poupée (facultatif)
- Pistolet à colle

1 Assemblez un tissu écru à un tissu imprimé, endroit contre endroit, ouvrez les coutures et alignez-les. Répétez cette opération avec les deux autres tissus. Superposez les deux assemblages endroit contre endroit. Reportez le patron de la poupée sur l'envers d'un assemblage en faisant coïncider le trait qui sépare le corps de la tête avec la couture. Cousez sur le trait, coupez le surplus et crantez dans les arrondis. Cousez deux angles de 5 cm chacun à la base. Retournez sur l'endroit et rembourrez de ouate. Vous pourrez placer un petit sac de sable dans la base.

2 Reportez les patrons des cheveux sur les feutrines : le devant avec la découpe de la frange et l'arrière en entier. Assemblez les feutrines, coupez les surplus et retournez. Mettez un peu de rembourrage dans les cheveux avant de rembourrer la poupée. Retenez le tout avec un peu de colle à tissu.

3 Peignez les yeux avec un feutre textile et les joues avec un peu de blush. Décorez les cheveux avec une fleur.

4 Kimono : reportez les patrons* sur les envers des tissus choisis. Coupez le surplus en laissant 1 cm de marge tout autour. Assemblez les parties avant à chacun des côtés de la partie arrière, endroit contre endroit. Cousez-les. Faites un ourlet double d'environ 1 cm au bas du kimono. Cousez le biais le long des devants et à l'encolure et enfilez le kimono sur la Kokeshi en l'arrangeant sur le devant, puis fixez-le avec un peu de colle à tissu. Pour terminer, décorez-le avec les nœuds en satin.

** Le patron avant est coupé 1 fois comme tel et 1 fois inversé comme présenté p. 68.*

Sainte Famille

Que la tendresse d'une nuit s'étende sur toute l'année.

Patrons
page 33

Joseph

Fournitures

- 2 fois 10 x 12 cm de tissu écru
- 2 fois 16 x 17 cm de tissu imprimé pour le corps
- 1 fois 16 x 45 cm de tissu uni pour la cape
- 2 fois 8,5 x 12 cm de feutrine noire
- Fil noir nº 12
- 1 petit bâton en bois
- Ouate de rembourrage
- Pistolet à colle
- Sac de sable pour stabiliser le personnage (facultatif)
- Pistolet à colle

1 Assemblez chacun des tissus écrus aux tissus imprimés, endroit contre endroit. Ouvrez les coutures au fer à repasser.

2 Reportez le patron de la figurine sur l'envers de l'un des ensembles préalablement cousus. Attention : la division horizontale de la tête et du corps devra se trouver au-dessus de la couture des deux tissus.

3 Posez cette pièce sur l'autre ensemble, endroit contre endroit, et cousez sur le trait en laissant une ouverture comme indiqué sur le patron. Une fois cousu, coupez le surplus de tissu en laissant 1 cm de marge de couture. Crantez autour du cou et de la tête.

4 Faites deux angles d'environ 4 cm chacun à la base. Coupez le surplus. Retournez sur l'endroit et rembourrez de ouate. Vous pouvez placer un petit sac de sable pour que la base soit plus lourde. Pliez le tissu en dessous et fermez à petits points ou à points invisibles.

5 Reportez le patron des cheveux sur la feutrine. Découpez et positionnez les cheveux sur la tête de la figurine avec un peu de colle. Assemblez les deux parties arrondies avec du fil noir au point de feston.

6 Brodez ou peignez les yeux, puis les joues avec un peu de blush.

7 Faites un petit ourlet sur l'une des longueurs du tissu de la cape. Centrez la figurine au milieu de la cape (l'ourlet sera orienté vers le haut). Pliez les deux pointes supérieures vers l'avant de la figurine et fixez-les par un petit point. Pliez à nouveau la cape vers l'avant (cette fois-ci les parties latérales) et fixez-les à nouveau.

8 Fixez le bâton avec un peu de colle.

Marie et l'Enfant

Fournitures

Pour Marie :

- 2 fois 10 x 12 cm de tissu écru
- 2 fois 16 x 17 cm de tissu imprimé (corps)
- 1 fois 17 x 42 cm de tissu imprimé (cape)
- 2 fois 8,5 x 12 cm de feutrine marron
- 20 cm de dentelle
- Fil marron nº 12
- Ouate de rembourrage
- Pistolet à colle

Pour l'Enfant :

- 2 fois 5 x 8 cm de tissu écru
- 1 fois 8 x 16 cm du même tissu que celui utilisé pour le corps de Joseph
- 1 épingle à nourrice
- Ouate de rembourrage
- Pistolet à colle

1 Pour Marie : suivez le même procédé que pour Joseph jusqu'à l'étape 5.

2 Cousez la dentelle à 3 cm de la base.

3 Brodez ou peignez les yeux, puis les joues avec un peu de blush.

4 Faites un petit ourlet sur l'une des longueurs du tissu de la cape. Centrez la figurine au milieu de la cape, pliez les deux pointes supérieures vers l'avant de la figurine (en faisant attention à ne pas cacher la dentelle préalablement cousue ou collée). Fixez à petits points. Pliez le reste de la cape vers l'arrière et fixez à nouveau.

5 Pour l'Enfant : reportez le patron du corps sur l'envers d'un tissu écru. Assemblez-le à l'autre, endroit contre endroit, et cousez sur le trait en laissant une ouverture comme indiqué sur le patron. Retournez et rembourrez de ouate. Fermez l'ouverture.

6 Brodez ou peignez les yeux, puis les joues et enveloppez l'Enfant dans sa petite cape en l'attachant avec une épingle à nourrice.

7 Pour terminer, placez l'Enfant à la hauteur des bras de Marie en le cousant ou en le collant.

Sainte Famille

PAGES 31–32

Les gabarits, en taille réelle, sont donnés sans marge de couture. Ajoutez, sauf indication contraire, 0,5 cm de marge de couture au moment de la coupe des tissus.

Laissez une marge de couture de 0,5 cm sur les parties arrondies des cheveux uniquement.

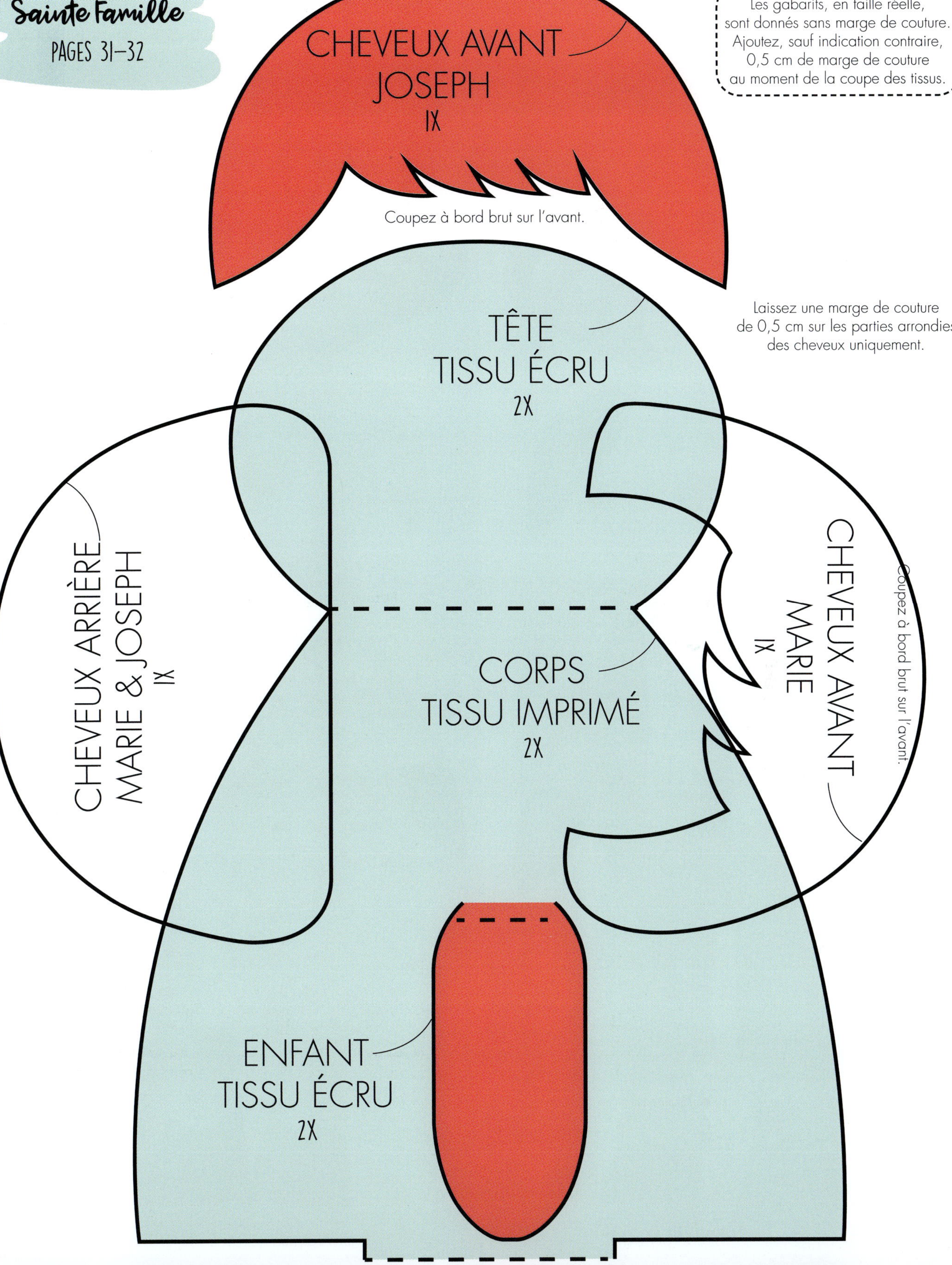

Rennes

Patrons
pages 70 et 71

Petite renne

Fournitures

- 2 fois 30 x 32 cm de tissu écru ou uni (corps et jambes)
- 2 fois 12 x 20 cm de tissu écru ou uni (bras)
- 2 fois 7 x 20 cm de tissu noir (mains)
- 1 fois 12 x 18 cm de tissu écru ou uni (oreilles)
- 1 fois 12 x 18 cm du même tissu que celui de la robe (oreilles)
- 1 fois 23 x 50 cm de tissu imprimé (robe)
- 2 fois 12 x 16 cm de tissu rouge (bois)
- 1 fois 4 x 4 cm de tissu rouge (nez)
- 1 fois 10 x 50 cm de jersey ou de collant (écharpe)
- 2 fois 6 x 20 cm de tissu noir (chaussures)
- 1 fois 10 x 13 cm de tissu noir (semelles)
- 2 fois 10 x 13 cm de carton
- Toile thermocollante
- 2 boutons moyens
- 1 fleur
- 2 grelots
- Ouate de rembourrage
- Pistolet à colle

1 Reportez le patron du corps et des jambes de la renne sur l'envers d'un tissu écru ou uni de 30 x 32 cm. Assemblez les deux tissus identiques, endroit contre endroit, et cousez sur le trait. Laissez une ouverture comme indiqué sur le patron et coupez le surplus. Crantez autour des pièces, retournez-les sur l'endroit et rembourrez de ouate. Fermez l'ouverture du corps.

2 Une fois les jambes rembourrées, passez un fil de fronce résistant à 1 cm du bord de chaque pied. Découpez les semelles dans le carton, placez-les dans les pieds avec le rembourrage. Tirez sur le fil et arrêtez-le par des points serrés.
Les semelles sont placées.

3 Maintenant, faites les chaussures en reportant le patron sur l'envers du tissu noir de 6 x 20 cm. Cousez et coupez le surplus. Enfilez les chaussures, passez un fil de fronce résistant à la base.
Tirez sur le fil et arrêtez-le à points serrés.

4 Découpez deux semelles en carton en plus et tapissez-les avec le tissu noir de 10 x 13 cm destiné aux semelles. Puis collez-les aux chaussures en mettant un peu de colle chaude au centre de la semelle. Terminez en cousant à points invisibles autour de toute la chaussure avec du fil noir, pour l'assembler à la semelle.

5 Positionnez les jambes au bas du corps, à 2 cm de la base. Avec une grosse aiguille et du fil à tricoter, cousez les jambes en mettant un bouton de chaque côté. La poupée se maintiendra ainsi debout et il sera aussi possible de l'asseoir.

6 Cousez les rectangles de 12 x 20 cm de tissu écru ou uni à ceux de 7 x 20 cm de tissu noir, endroit contre endroit. Ouvrez les coutures. Superposez-les, endroit contre endroit, reportez le patron des bras en plaçant les mains sur la partie du tissu noir. Cousez et coupez le surplus. Faites une incision verticale sur un seul côté des tissus comme indiqué sur le patron. Pour que les incisions soient faites du bon côté, placez les bras côte à côte, avec les pouces tournés l'un vers l'autre.
Retournez sur l'endroit, rembourrez, et fermez l'ouverture à petits points.

7 Collez les bras sur le corps de la renne, à 1 cm du cou.

8 Reportez le patron des bois sur l'envers de l'un des tissus indiqués. Assemblez-le à l'autre, endroit contre endroit, et cousez sur le trait. Coupez le surplus, crantez autour, retournez et rembourrez de ouate. Appliquez-les sur la tête de la renne à petits points invisibles.

9 Répétez le procédé précédent sur les tissus indiqués pour les oreilles, sans les rembourrer. Cousez-les sur la tête en-dessous des bois à points invisibles.

10 Thermocollez le tissu du nez, reportez le patron et coupez. Appliquez-le sur le visage.

11 Peignez les yeux et les joues.

12 Robe : sur le tissu de 23 x 50 cm, faites un petit ourlet à la base (sur la longueur) et un autre sur la partie supérieure. Pliez la robe en 2, endroit contre endroit, et cousez sur la hauteur. Passez un fil de fronce sur l'ourlet inférieur et tirez sur le fil pour faire une robe « boule ». Avec la couture centrée et tournée sur l'arrière, faites deux entailles en « V » de 3 cm de profondeur en direction des bras pour les emmanchures.

13 Enfilez la robe et passez un fil de fronce autour du cou. En passant la fronce par-dessus les bras, faites un petit ourlet sur les parties restées ouvertes (emmanchures).

14 Pliez le morceau de jersey de 10 x 50 cm sur la longueur et envers contre envers. Coudre et retourner sur l'endroit pour obtenir une écharpe tubulaire. Nouez-la sur la renne en faisant deux tours de cou.

15 Décorez votre renne avec une fleur et des grelots.

Patrons
pages 70 et 71

Fournitures

- 2 fois 30 x 32 cm de tissu écru ou uni (corps et jambes)
- 2 fois 12 x 20 cm de tissu écru ou uni (bras)
- 2 fois 7 x 20 cm de tissu noir (mains)
- 1 fois 12 x 18 cm de tissu écru ou uni (oreilles)
- 1 fois 12 x 18 cm du même tissu que le pantalon (oreilles)
- 2 fois 15 x 28 cm de tissu imprimé (pull)
- 2 fois 20 x 20 cm de tissu uni (pantalon)
- 2 fois 12 x 16 cm de tissu rouge (bois)
- 1 fois 4 x 4 cm de tissu rouge (nez)
- 1 fois 6 x 40 cm de jersey ou de collant (écharpe)
- 2 fois 6 x 20 cm de tissu noir (chaussures)
- 1 fois 10 x 13 cm de tissu noir (semelles)
- 2 fois 10 x 13 cm de carton
- Toile thermocollante
- 2 boutons moyens
- 2 grelots
- 2 boutons
- Jersey pour les chaussettes (facultatif)
- Ouate de rembourrage
- Pistolet à colle

Petit renne

1 Réalisez le Petit renne en suivant toutes les explications de la Petite renne, jusqu'à l'étape 11.

2 Pantalon : reportez le patron correspondant sur l'envers d'un des tissus de 20 x 20 cm. Assemblez-le à l'autre, endroit contre endroit, et cousez. Laissez les jambes et la taille ouvertes. Coupez le surplus, faites un petit ourlet aux deux jambes et un à la taille. Passez un fil de fronce à l'ourlet de la taille. Enfilez le pantalon, tirez sur le fil pour l'ajuster à la taille et arrêtez-le par quelques points.

3 Pull : reportez le patron correspondant sur l'envers d'un des tissus de 15 x 28 cm. Assemblez-le à l'autre, endroit contre endroit, et cousez en suivant les consignes du patron en laissant ouvert l'encolure, les manches et la base. Coupez les surplus et ourlez les parties ouvertes (encolure, manches et base). Faites une entaille d'environ 3 cm sur la partie arrière du pull pour pouvoir l'enfiler. Une fois enfilé, faites un petit point pour unir les parties coupées.

4 Nouez la bande de jersey autour du cou et donnez-lui une forme d'écharpe. Décorez-la avec un bouton, puis appliquez les grelots sur les chaussures.

Oursons

Patrons
pages 72 et 73

STORA
NO.856 48 56N

Oursonne

Fournitures

- 2 fois 30 x 50 cm de tissu écru ou uni
- 1 fois 22 x 50 cm de tissu à motifs (robe)
- 2 fois 8 x 14 cm de tissu à motifs (manches)
- 2 fois 7 x 16 cm du même tissu que la robe (oreilles)
- 2 fois 6 x 20 cm de tissu uni (chaussures)
- 1 fois 10 x 13 cm de tissu uni (semelles)
- 2 fois 10 x 13 cm de carton
- 80 cm de dentelle ou broderie anglaise (robe et manches)
- 2 boutons décoratifs
- 2 boutons moyens
- 1 fleur
- Ouate de rembourrage
- Pistolet à colle

1 Reportez le patron du corps, des jambes et des bras sur l'envers d'un des tissus de 30 x 50 cm. Assemblez-les, endroit contre endroit, et cousez sur le trait en suivant les indications des patrons. Coupez le surplus. Crantez autour des pièces et retournez sur l'endroit. Rembourrez de ouate. Fermez l'ouverture du corps.

2 Pour les jambes et les chaussures, suivez les Étapes 2, 3, 4 et 5 de la Petite renne p. 35.

3 Sur les tissus de 8 x 14 cm destinés aux manches, faites un petit ourlet et appliquez la dentelle ou la broderie anglaise. Pliez au milieu, endroit contre endroit, et cousez sur la hauteur. En conservant les pièces sur l'envers, passez un fil de fronce résistant sur la partie supérieure de celles-ci. Tirez sur le fil pour froncer, arrêtez-le par quelques points serrés, et retournez les manches sur l'endroit.

4 Collez les bras dans les manches.

5 Reportez le patron des oreilles sur l'envers de l'un des tissus indiqués. Assemblez-le à l'autre, endroit contre endroit, et cousez. Laissez l'ouverture comme indiqué sur le patron. Coupez le surplus, retournez sur l'endroit, mettez un peu de rembourrage dans les oreilles et appliquez-les sur la tête à petits points invisibles.

6 Sur l'une des longueurs du tissu indiqué pour la robe, faites un ourlet de 1 cm et appliquez la dentelle ou la broderie anglaise. Pliez le tissu, endroit contre endroit. Cousez sur la hauteur. Retournez-le sur l'endroit. Faites un ourlet de 1 cm tout autour de la partie supérieure de la robe et passez un fil de fronce résistant. Enfilez-la sur l'oursonne. Tirez sur le fil pour froncer et arrêtez-le par quelques points serrés.

7 Fixez les manches avec les bras sur la robe en utilisant un peu de colle chaude.

8 Peignez les yeux, le nez et les joues, puis collez une fleur sur l'une des oreilles.

AMOR
RAGE BOX

AMOR

Ourson

Fournitures

- 2 fois 30 x 50 cm de tissu écru ou uni
- 2 fois 20 x 23 cm de tissu uni (salopette)
- 2 fois 4 x 18 cm du même tissu que la salopette (bretelles)
- 2 fois 15 x 28 cm de tissu imprimé (pull)
- 2 fois 7 x 16 cm du même tissu que le pull (oreilles)
- 2 fois 6 x 20 cm de tissu noir (chaussures)
- 1 fois 10 x 13 cm de tissu noir (semelles)
- 2 fois 10 x 13 cm de carton
- 2 boutons décoratifs
- 2 boutons moyens
- Ouate de rembourrage
- Pistolet à colle

1 Reportez le patron du corps, des jambes et des bras sur l'envers d'un tissu de 30 x 50 cm. Assemblez-le à l'autre tissu identique, endroit contre endroit, et cousez sur le trait en suivant les indications des patrons. Coupez le surplus et crantez autour. Retournez les pièces sur l'endroit et rembourrez-les de ouate. Cousez l'ouverture du corps.

2 Pour les jambes et les chaussures, suivez les Étapes 2, 3, 4 et 5 de la Petite renne p. 35.

3 Collez les bras à 1 cm du cou.

4 Reportez le patron des oreilles sur l'envers de l'un des tissus indiqués. Assemblez-le à l'autre, endroit contre endroit, et cousez en laissant l'ouverture comme indiqué sur le patron. Coupez le surplus et retournez sur l'endroit. Mettez un peu de rembourrage dans les oreilles et appliquez-les sur la tête à petits points invisibles.

5 Salopette : reportez le patron sur l'envers de l'un des tissus choisis. Assemblez-le à l'autre, endroit contre endroit. Cousez les côtés, faites l'ourlet des jambes et, seulement après, cousez l'entrejambe. Coupez le surplus, retournez la salopette sur l'endroit et faites un petit ourlet sur la partie supérieure.

6 Pour le pull, pliez les deux tissus de 15 x 28 cm, endroit contre endroit. Reportez les patrons dos et devant sur le tissu. Suivez les consignes du patron en laissant ouverts l'encolure, les manches et la base. Coupez les surplus et ourlez les parties ouvertes (encolure, manches et base). Faites un ourlet sur les 2 bords dos. Une fois enfilé, faites quelques points au dos pour fermer. Une fois enfilé, faites un petit point pour unir les parties ouvertes.

7 Bretelles : pliez chacune des pièces de 4 x 18 cm en 2, endroit contre endroit. Cousez-les sur la longueur et retournez-les sur l'endroit. Repassez. Croisez les bretelles dans le dos de la salopette et cousez-les. Enfilez la salopette sur l'ourson, rentrez le pull à l'intérieur, ajustez la salopette en faisant deux plis et fixez les bretelles par les deux boutons décoratifs.

8 Peignez les yeux et le museau, puis les joues avec un peu de blush.

Brebis lavande

Bêêê !

Fournitures

- 2 fois 26 x 30 cm de tissu écru ou uni (corps et jambes)
- 2 fois 12 x 15 cm de tissu écru ou uni (bras)
- 2 fois 7 x 15 cm de tissu différent (mains)
- 1 fois 11 x 11 cm de tissu différent, le même que celui des mains (museau)
- 1 fois 21 x 50 cm de tissu imprimé (robe)
- 1 fois 13 x 16 cm du même tissu que la robe (oreilles)
- 1 fois 13 x 16 cm de tissu, le même que celui du corps (oreilles)
- 2 fois 20 x 40 cm de tissu (manteau)
- 2 fois 14 x 15 cm de tissu (capuche)
- 2 fois 6 x 20 cm de tissu noir (chaussures)
- 1 fois 10 x 13 cm de tissu noir (semelles)
- 2 fois 10 x 13 cm de carton
- 50 cm de dentelle (robe)
- 2 boutons moyens
- Toile thermocollante
- Ruban de satin 1 fleur
- Ouate de rembourrage
- Pistolet à colle

Patrons
pages 69 et 73

1 Reportez le patron du museau sur l'envers du tissu choisi, préalablement thermocollé. Découpez et réservez.

2 Reportez les patrons du corps et des jambes sur l'envers d'un tissu écru ou uni. Ensuite, coupez uniquement le corps avec une marge de 2 cm. Cela permettra de coller et de coudre le museau dans la bonne position et sur l'endroit du tissu. Maintenant, assemblez les tissus, endroit contre endroit, et cousez toutes les parties (corps et jambes) en suivant les indications des patrons. Coupez les surplus, retournez sur l'endroit et rembourrez de ouate.

3 Bras : assemblez les bandes de 12 x 15 cm et 7 x 15 cm, endroit contre endroit. Ouvrez les coutures et reportez le patron du bras en faisant coïncider la ligne de séparation de la main et du bras avec la couture qui assemble les deux tissus. Épinglez, cousez et coupez le surplus. Pour pouvoir les retourner, faites une entaille verticale sur l'un des côtés du tissu, comme indiqué sur le patron. Pour que les entailles soient faites du bon côté, placez les bras côte à côte, avec les petits pouces tournés l'un vers l'autre. Retournez sur l'endroit, rembourrez et fermez l'ouverture à petits points. Collez les bras à 1 cm du cou et renforcez par des petits points.

4 Reportez le patron des oreilles sur l'envers de l'un des tissus indiqués. Assemblez-le à l'autre, endroit contre endroit, et cousez. Laissez l'ouverture comme indiqué sur le patron. Coupez le surplus, retournez sur l'endroit et appliquez les oreilles sur la tête à petits points invisibles.

5 Peignez les yeux, le museau et les joues.

6 Pour les jambes et les pieds, suivez les Étapes 2, 3, 4 et 5 de la Petite renne p.35.

7 Robe : sur l'une des longueurs du tissu indiqué, faites un ourlet de 1 cm et appliquez la dentelle. Pliez-le au milieu, endroit contre endroit. Cousez-le sur la hauteur. Retournez la robe sur l'endroit. En direction des bras, faites deux entailles en « V » de 3 cm de profondeur (emmanchures). Faites un ourlet de 1 cm tout autour de la partie supérieure de la robe et passez un fil de fronce. Enfilez la robe sur la brebis. Attention : le fil de fronce doit se placer en-dessous des bras. Tirez sur le fil pour froncer et arrêtez-le par quelques points serrés.

8 Manteau : reportez le patron du dos sur l'envers du tissu de 20 x 40 cm préalablement plié, endroit contre endroit. Coupez sur le trait. Reportez le patron des devants sur l'envers de l'autre tissu. Coupez également. Assemblez les devants et le dos, endroit contre endroit, épinglez et cousez les épaules et les bras.

9 Reportez le patron de la capuche sur l'envers du tissu. Coupez, assemblez endroit contre endroit, et cousez la partie arrondie. Coupez le surplus et faites un petit ourlet sur la partie avant de la capuche. Placez la capuche sur l'arrière du manteau, endroit contre endroit, et cousez tout autour de l'encolure.

10 Vous pouvez fermer le manteau avec du ruban de satin.

Pirates

Patrons
page 74

Petit pirate

Fournitures

- 2 fois 13 x 14 cm de tissu écru (corps)
- 2 fois 13 x 14 cm de tissu à rayures (corps)
- 2 fois 6 x 9 cm de tissu écru (mains)
- 2 fois 6 x 7 cm de tissu à rayures (manches)
- 4 fois 7 x 13 cm de tissu rouge (pantalon)
- 4 fois 7 x 8 cm de tissu noir (bottes)
- 1 bande de tissu (ceinture)
- 1 fois 4 x 4 cm de feutrine noire (cache-œil)
- 1 fois 25 x 25 cm de tissu à pois (foulard)
- 25 cm de bande colorée (cou)
- Fil à tricoter noir
- 1 petit anneau (boucle d'oreille)
- Ouate de rembourrage
- Pistolet à colle

1 Superposez l'un des tissus écrus de 13 x 14 cm sur l'un des tissus rayés de 13 x 14 cm, endroit contre endroit. Cousez-les et ouvrez les coutures. Répétez le procédé avec le reste des tissus de mêmes dimensions. Une fois cousus, assemblez-les, endroit contre endroit, alignez les coutures qui divisent le tissu écru et celui rayé, et épinglez. Reportez le patron du corps sur l'envers des tissus.
La ligne du patron qui sépare la tête du corps devra être alignée avec la couture. Cousez sur le trait en laissant l'ouverture comme indiqué sur le patron. Coupez les surplus, crantez la zone de l'encolure, retournez et rembourrez le corps.

2 Suivez les mêmes étapes avec les tissus destinés aux manches et aux mains jusqu'à aligner les coutures qui divisent les manches et les bras. Épinglez.
Reportez le patron du bras sur l'envers des tissus déjà cousus. Cousez le tout, coupez le surplus et, faites une entaille pour pouvoir les retourner. Pour vous assurer que chaque entaille est au bon endroit, tournez les pouces l'un vers l'autre et faites l'entaille comme sur le patron. Retournez, rembourrez et fermez à petits points. Appliquez les bras sur les côtés du corps avec un peu de colle chaude ou faites des petits points. Si vous choisissez de les coller, mettez la colle sur la couture qui ferme les bras.

3 Pour les jambes, le procédé est le même que celui du corps, c'est-à-dire, cousez les tissus du pantalon à celui des chaussures. Ouvrez les coutures, alignez-les, épinglez. Reportez le patron, cousez, coupez le surplus, retournez et rembourrez.

4 Centrez les jambes au bas du corps, épinglez et cousez. Cette couture sera cachée par la ceinture collée ou cousue.

5 Réalisez le cache-œil avec la feutrine noire et collez-le sur le fil à tricoter noir. Placez-le sur le visage et attachez le fil dans la nuque du pirate. Peignez un œil avec de l'encre textile et les joues avec un peu de blush.

6 Sur le carré destiné au foulard, faites un triangle en coupant le tissu dans la diagonale d'un sommet à l'autre. Faites un petit ourlet sur le long côté du triangle obtenu. Placez-le sur la tête du pirate et arrangez-le sur l'un des côtés. Fixez-le à petits points invisibles.

7 Cousez la boucle d'oreille et attachez la bande autour du cou.

Patrons
page 74

Petite pirate

1 Commencez le Petite pirate en suivant les 3 premières étapes du Petit pirate p. 51. Pour le corps et les manches assemblez les tissus écru/à pois.

2 Centrez les jambes au bas du corps, épinglez et cousez. Ourlez les longs côtés du tissu destiné à la jupe. Sur l'une des longueurs, appliquez la broderie anglaise. Pliez le tissu, endroit contre endroit, et coudre la jupe sur la hauteur. Sur l'autre bord, passez un fil de fronce résistant. Enfilez la jupe sur la pirate et tirez sur le fil jusqu'à l'ajuster au tour de taille. Assurez-vous que la couture de la jupe soit placée dans le dos. Arrêtez le fil de fronce par quelques points serrés. Cachez les fronces en appliquant de la dentelle ou le ruban serpentine.

3 Reportez le patron du chapeau sur l'envers d'un des tissus de 9 x 17 cm, superposez-le à l'autre tissu identique, endroit contre endroit, épinglez et cousez sur le trait. Coupez le surplus, retournez sur l'endroit et, pour compléter la finition, faites un petit ourlet avec du fil rouge tout autour de l'ouverture du chapeau.

4 Dessinez le cache-œil sur la feutrine noire et collez-le sur le fil à tricoter noir. Placez-le sur le visage de la pirate et attachez le fil dans la nuque. Peignez un œil avec de l'encre textile et les joues avec un peu de blush.

5 Appliquez la tresse sur la tête de la pirate, collez ou cousez-la à petits points. Placez le chapeau sur la tresse et rembourrez-le avec un peu de ouate avant de le fixer par quelques points au fil rouge.

6 Cousez la boucle d'oreille et nouez la bande colorée autour du cou. Vous pouvez aussi la croiser devant et la fixer par un petit point.

Fournitures

- 2 fois 13 x 14 cm de tissu écru (corps)
- 2 fois 13 x 14 cm de tissu à pois (corps)
- 2 fois 6 x 9 cm de tissu écru (mains)
- 2 fois 6 x 7 cm de tissu à pois (manches)
- 4 fois 7 x 13 cm de tissu rouge (jambes)
- 4 fois 7 x 8 cm de tissu noir (bottes)
- 1 fois 13 x 50 cm de tissu à rayures (jupe)
- 2 fois 9 x 17 cm de tissu rouge (chapeau)
- 1 fois 4 x 4 cm de feutrine noire (cache-œil)
- 25 cm de bande colorée (tour de cou)
- 1 petit anneau (boucle d'oreille)
- 28 cm de tresse en laine
- 50 cm de broderie anglaise
- 25 cm de ruban serpentine ou dentelle
- Fil à tricoter noir
- Ouate de rembourrage
- Pistolet à colle

Patrons
page 75

Sweet bunny

1 Reportez le patron du corps de la petite lapine sur l'envers d'un tissu de 15 x 28 cm. Superposez-le à l'autre tissu, endroit contre endroit, et cousez sur le trait en laissant une ouverture comme indiqué sur le patron. Une fois cousu, coupez le surplus de tissu en laissant 1 cm de marge de couture. Retournez sur l'endroit et rembourrez de ouate. Laissez ouvert.

2 Répétez le même procédé avec le patron des jambes. Une fois rembourrées, positionnez-les au bas du corps de la lapine, épinglez et cousez.

3 Bras : cousez les tissus de 8 x 12 cm aux tissus de 10 x 12 cm. Ouvrez les coutures, assemblez-les endroit contre endroit et reportez le patron des bras sur l'un des envers (faites attention, la division qui sépare les mains des manches devra coïncider avec la couture qui assemble les deux tissus). Cousez sans laisser d'ouverture. Pour pouvoir les retourner, faites une incision comme indiqué sur le patron. Retournez, rembourrez de ouate et fermez l'ouverture.

4 Oreilles : assemblez les tissus imprimés aux tissus différents, endroit contre endroit. Reportez le patron des oreilles sur l'envers d'un des tissus et cousez. Coupez les surplus, crantez dans les arrondis et retournez sur l'endroit. Repassez et cousez-les sur la tête de la lapine à points invisibles.

5 La robe : faites un ourlet de 0,5 cm sur la longueur du tissu et cousez. Faites la même chose sur l'autre côté en appliquant la dentelle. Puis, pliez le tissu, endroit contre endroit, et faites la couture sur la hauteur pour fermer la robe. Retournez-la sur l'endroit.

Fournitures

- 2 fois 15 x 28 cm de tissu écru (corps)
- 2 fois 8 x 12 cm de tissu écru (mains)
- 2 fois 10 x 12 cm de tissu imprimé (bras)
- 2 fois 20 x 22 cm de tissu imprimé (jambes)
- 2 fois 20 x 23 cm de tissu imprimé (oreilles)
- 2 fois 20 x 23 cm de tissu différent (oreilles)
- 1 fois 22 x 50 cm de tissu imprimé (robe)
- 50 cm de dentelle
- 1 fleur
- Ouate de rembourrage
- Pistolet à colle

6 Passez un fil de fronce sur la partie supérieure de la robe. Enfilez-la sur la lapine et tirez sur le fil. Une fois les fronces uniformisées, faire quelques points dans le dos de la lapine. Collez ou cousez les bras sur la robe.

7 Peignez les yeux, le nez et les joues, puis appliquez une fleur sur l'oreille.

Patrons
page 76

Petite fée des dents

L'histoire raconte que les Petites fées des dents viennent chercher les dents de lait que les enfants placent sous leur oreiller et qu'elles les transforment en étoiles brillantes. En échange, elles laissent un petit cadeau à l'enfant qui a perdu sa dent. Dans ce projet, les enfants remplacent l'oreiller par la petite poche de la Fée.

Fournitures

- 2 fois 15 x 18 cm de tissu imprimé (corps)
- 2 fois 10 x 18 cm de tissu écru (tête)
- 2 fois 15 x 24 cm de tissu imprimé (ailes)
- 1 fois 15 x 24 cm de ouatine
- 1 fois 15 x 16 cm de tissu (pétales)
- 1 fois 15 x 25 cm de tissu à motifs (pétales)
- 1 fois 6 x 6 cm de tissu (cœur)
- 1 fois 4 x 4 cm de tissu (étoile)
- 1 fois 10 x 40 cm de tulle (robe)
- 2 m de Trapilho (coiffure)
- 15 cm de dentelle
- 1 petit bâton
- 1 fleur
- Toile thermocollante
- Ouate de rembourrage
- Sac de sable (facultatif)
- Pistolet à colle

PLIIIIIIIIIM!!

1 Cousez les tissus écrus de 10 x 18 cm aux tissus imprimés de 15 x 18 cm. Ouvrez les coutures, assemblez les tissus, endroit contre endroit, en les alignant. Épinglez. Reportez le patron (corps et tête) sur l'envers de l'un des tissus. Cousez sur le trait en laissant l'ouverture comme indiqué sur le patron. Coupez le surplus de tissu en laissant 1 cm de marge de couture. Crantez avec les ciseaux cranteurs. Pour que la poupée puisse ensuite se maintenir debout, faites deux angles de 4 cm sur le fond. Une fois cousus, coupez le surplus. Rembourrez de ouate. Si vous le souhaitez, vous pourrez placer un petit sac de sable pour que la base soit plus lourde. Fermez l'ouverture à petits points invisibles.

2 Reportez le patron des ailes sur l'envers du tissu choisi. Faites un sandwich en suivant cet ordre : la ouatine et les tissus, endroit contre endroit. Épinglez et cousez, sans laisser d'ouverture. Coupez le surplus de tissu en laissant une marge tout autour. Faites une petite entaille verticale comme indiqué sur le patron, et retournez. Fermez l'ouverture à petits points.

3 Reportez le patron du cœur sur le tissu préalablement thermocollé, et placez-le sur l'une des ailes. Cousez le cœur au point de feston en laissant le haut ouvert de façon qu'il forme une petite poche pour la dent.

4 Passez un fil de fronce sur le bord du tulle et nouez-le autour du cou. L'ouverture de la robe est située dans le dos. Fermez par quelques points.

5 Découpez le patron des pétales et reportez-le 5 fois sur les rectangles de tissus choisis, et préalablement thermocollés. Coupez à brod brut (sans marge de couture). Collez les 5 pétales de la robe sur le tulle avec de la colle pour tissu en alternant les motifs. Prenez en compte que le premier pétale devra être aligné avec le visage - la robe n'a pas de pétales derrière. Passez un fil de fronce dans la dentelle. Tirez sur le fil pour la froncer et nouez-la autour du cou.

6 Cheveux : appliquez un trait de colle chaude sur la couture de la tête et collez le premier brin de Trapilho (Figure 1). Continuez à coller les brins sur la tête en les passant de l'avant vers l'arrière. (Figure 2).

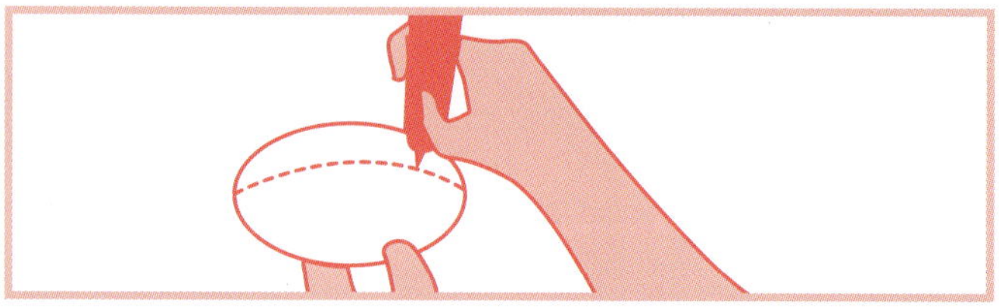

Figure 1

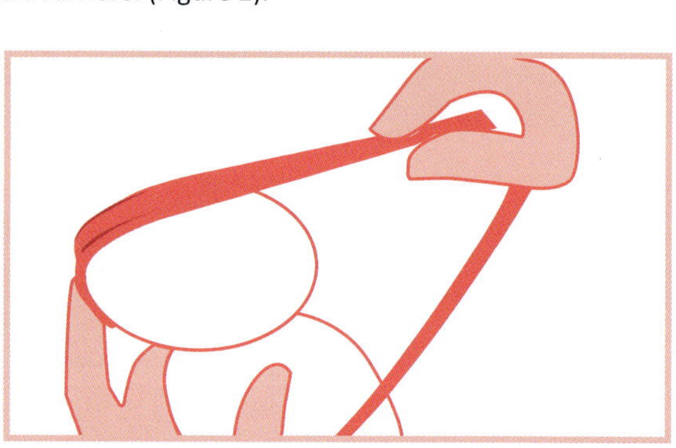

Figure 2

7 Lorsque cela vous semble suffisant, continuez en vous inspirant de la Figure 3.

8 Enfin, faites les chignons (Figure 4) en maintenant la laine à l'aide d'une épingle. Enroulez-la tout en la collant. Faites en sorte que la finition se termine sur l'arrière.

9 Brodez ou peignez les yeux, puis les joues avec un peu de blush.

10 Reportez le patron de l'étoile sur l'envers du tissu préalablement thermocollé, coupez à bord brut et collez-la sur le petit bâton. Fixez-le sur la robe avec un peu de colle chaude.

11 Pour terminer, collez les ailes sur le corps de la fée. Attention, l'entaille des ailes doit être tournée vers l'intérieur.

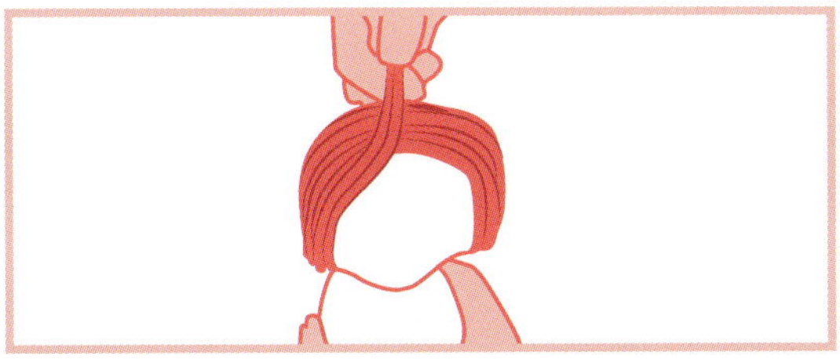

Figure 3

Figure 4

Patrons
page 77

Frida

« Pourquoi voudrais-je des pieds puisque j'ai des ailes pour voler ? »

1 Reportez le patron du corps sur l'envers de l'un des tissus de 18 x 34 cm, après avoir allongé le bas du gabarit de 5 cm. Assemblez-les, endroit contre endroit, et cousez sur le trait. Coupez le surplus de tissu en laissant 1 cm de marge de couture. Faites deux angles d'environ 5 cm à la base. Coupez les surplus et retournez sur l'endroit. Rembourrez de ouate. Vous pouvez placer un petit sac de sable pour que la poupée reste en position debout. Fermez à points invisibles.

2 Faites les bras en répétant le procédé de l'étape 1. Pour pouvoir les retourner, faites une petite entaille sur l'un des côtés du tissu.

3 Manches : faites un petit ourlet sur le petit côté des pièces de 12 x 14 cm. Superposez les tissus, endroit contre endroit, en alignant les ourlets. Reportez le patron des manches sur l'envers d'un des tissus. Cousez sur le trait et coupez le surplus en laissant 0,5 cm de marge. Retournez les manches sur l'endroit et habillez les bras en les fixant dans les manches avec une goutte de colle chaude.

4 Froufrous : pliez les bandes indiquées en deux, de façon à avoir une bande de 5 x 80 cm et une autre de 7 x 80 cm. Passez un fil de fronce de façon à ce que les 80 cm de chaque bande passent à 50 cm.

Fournitures

- 2 fois 18 x 34 cm de tissu écru (corps)
- 2 fois 14 x 15 cm de tissu écru (bras)
- 2 fois 12 x 14 cm de tissu imprimé (manches)
- 1 fois 15 x 50 cm de tissu imprimé (robe)
- 1 fois 10 x 80 cm de tissu à motifs (1er froufrou)
- 1 fois 14 x 80 cm de tissu à motifs différent (2ème froufrou)
- 50 cm de dentelle
- Laine noire (cheveux)
- 1 écharpe ou cape tricotée
- Des fleurs
- Ouate de rembourrage
- Pistolet à colle
- Sac de sable (facultatif)
- Pistolet à colle

5 Sur l'endroit du tissu de 15 x 50 cm, superposez dans l'ordre suivant : la dentelle, le froufrou de 5 cm et le froufrou de 7 cm. Épinglez et cousez le tout, le long des 50 cm. Retournez les froufrous vers le bas et cousez-les à petits points sur la robe, à la hauteur de la couture du premier froufrou. Pliez la robe, endroit contre endroit, alignez les froufrous et la dentelle, et cousez sur la hauteur pour fermer la robe.

6 Faites un petit ourlet sur la partie supérieure de la robe et passez un fil de fronce. Enfilez-la sur la poupée, tirez sur le fil et arrêtez-le dans le dos. Collez les bras avec les manches.

7 Coupez 30 morceaux de laine d'environ 80 cm chacun, assemblez-les deux par deux en faisant un nœud au milieu. Déterminez le centre de la tête. Marquez-le à environ 1 cm entre le front et le visage. Commencez à coller la laine à partir de cette marque, nœud par nœud. Appliquez de la colle uniquement sur les nœuds, toujours l'un après l'autre. Divisez la chevelure en deux parties et attachez-les avec un fil de laine à la hauteur des joues. Faites deux tresses, attachez-les, retournez-les sur le haut de la tête et fixez-les avec un peu de colle chaude.

8 Décorez les cheveux avec des fleurs en papier ou en feutrine, peignez le visage en faisant les yeux, le monosourcil et les joues. Positionnez l'écharpe ou la cape tricotée.

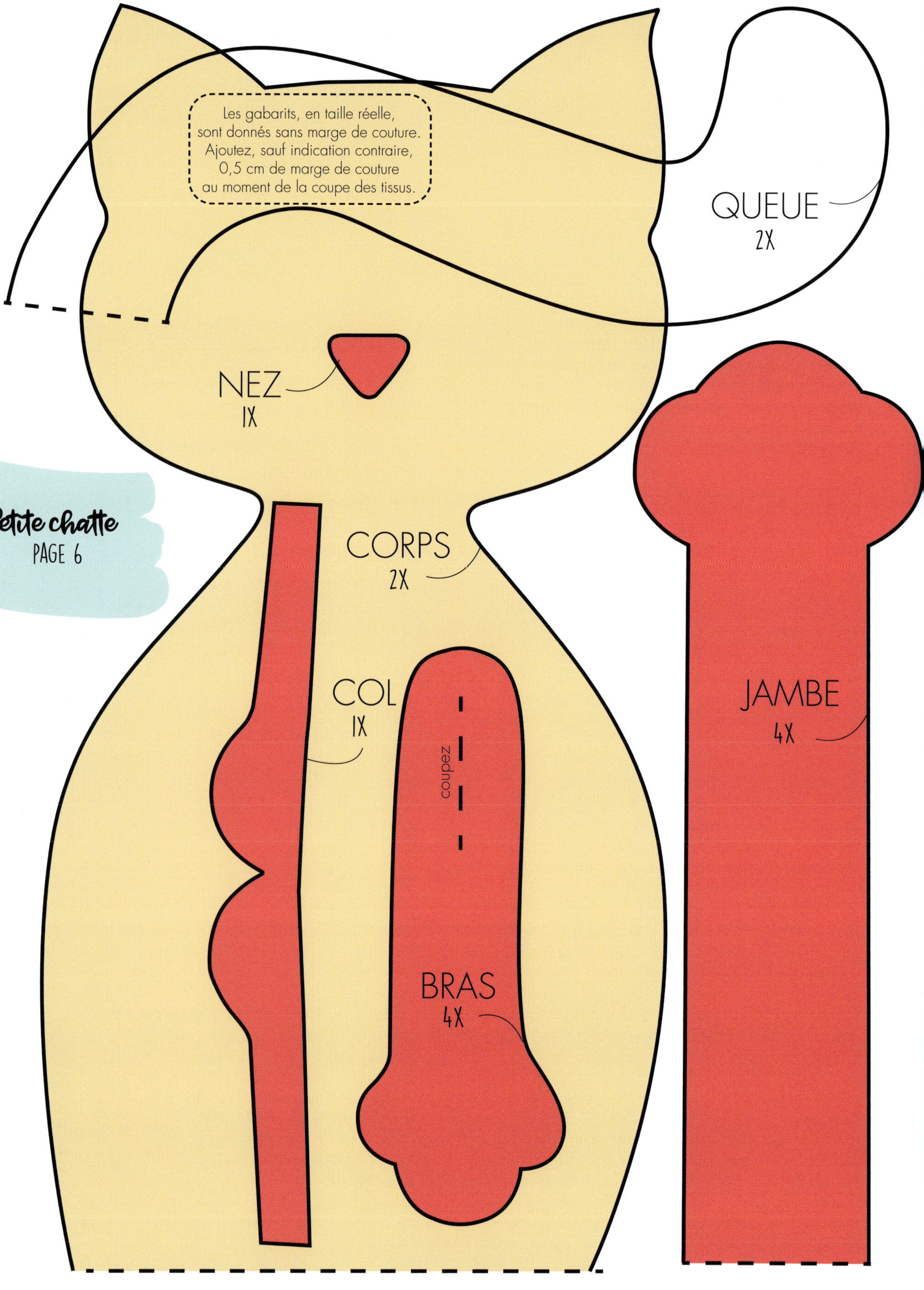

Petite chatte
PAGE 6

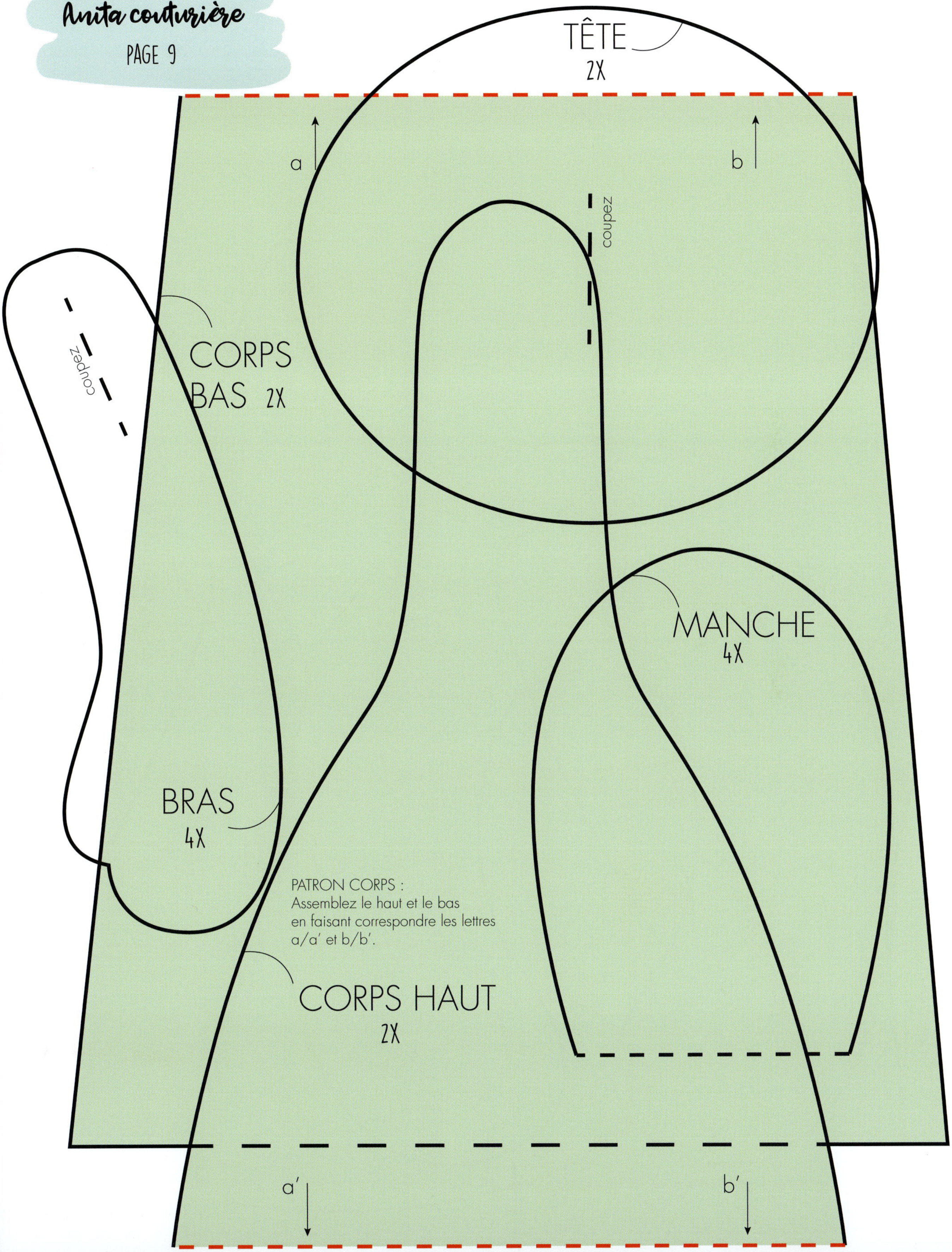
TÊTE
2X
a
b
coupez
coupez
CORPS
BAS 2X
MANCHE
4X
BRAS
4X
PATRON CORPS :
Assemblez le haut et le bas
en faisant correspondre les lettres
a/a' et b/b'.
CORPS HAUT
2X
a'
b'

Lapin malin

PAGE 13

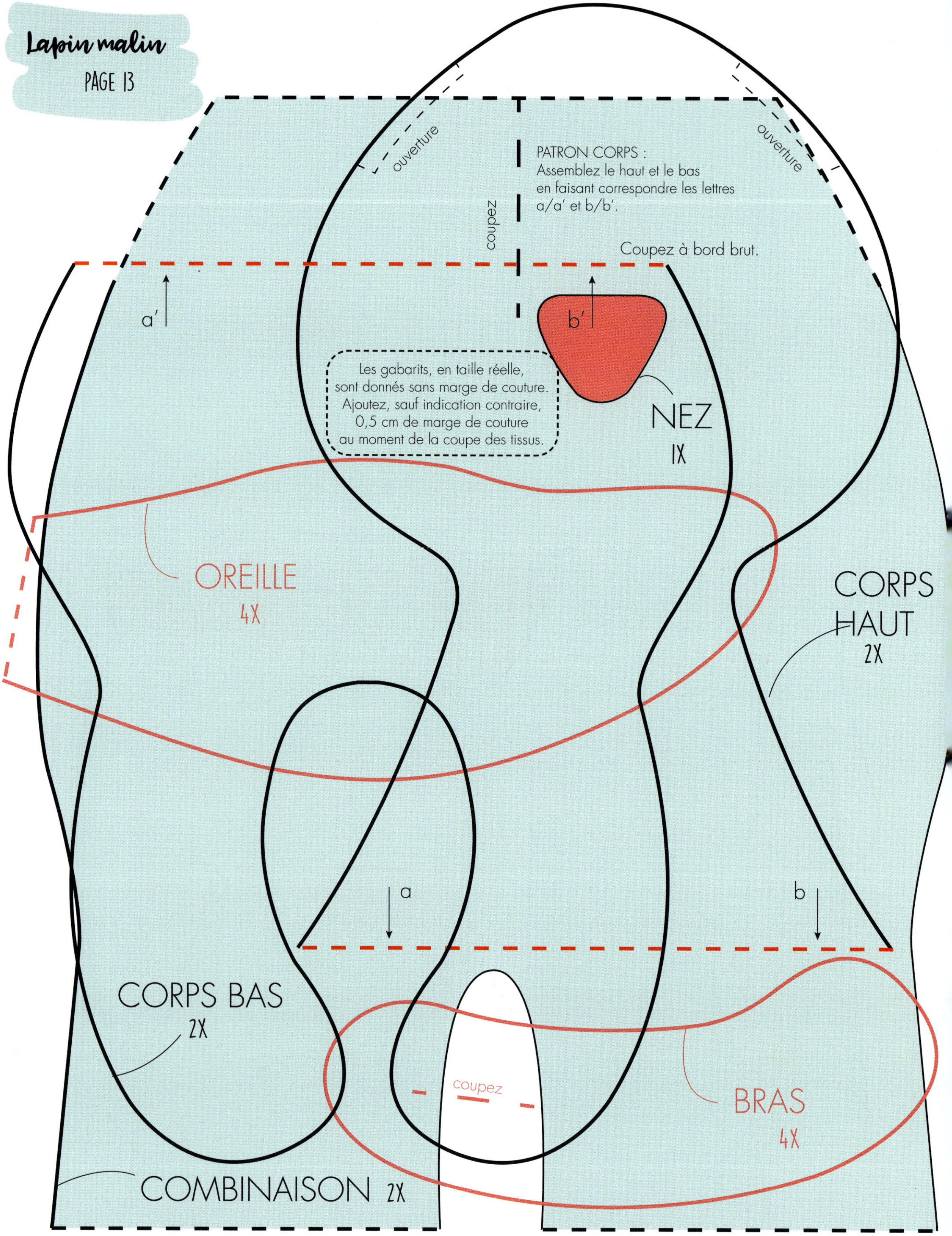

Danseuse

PAGE 17

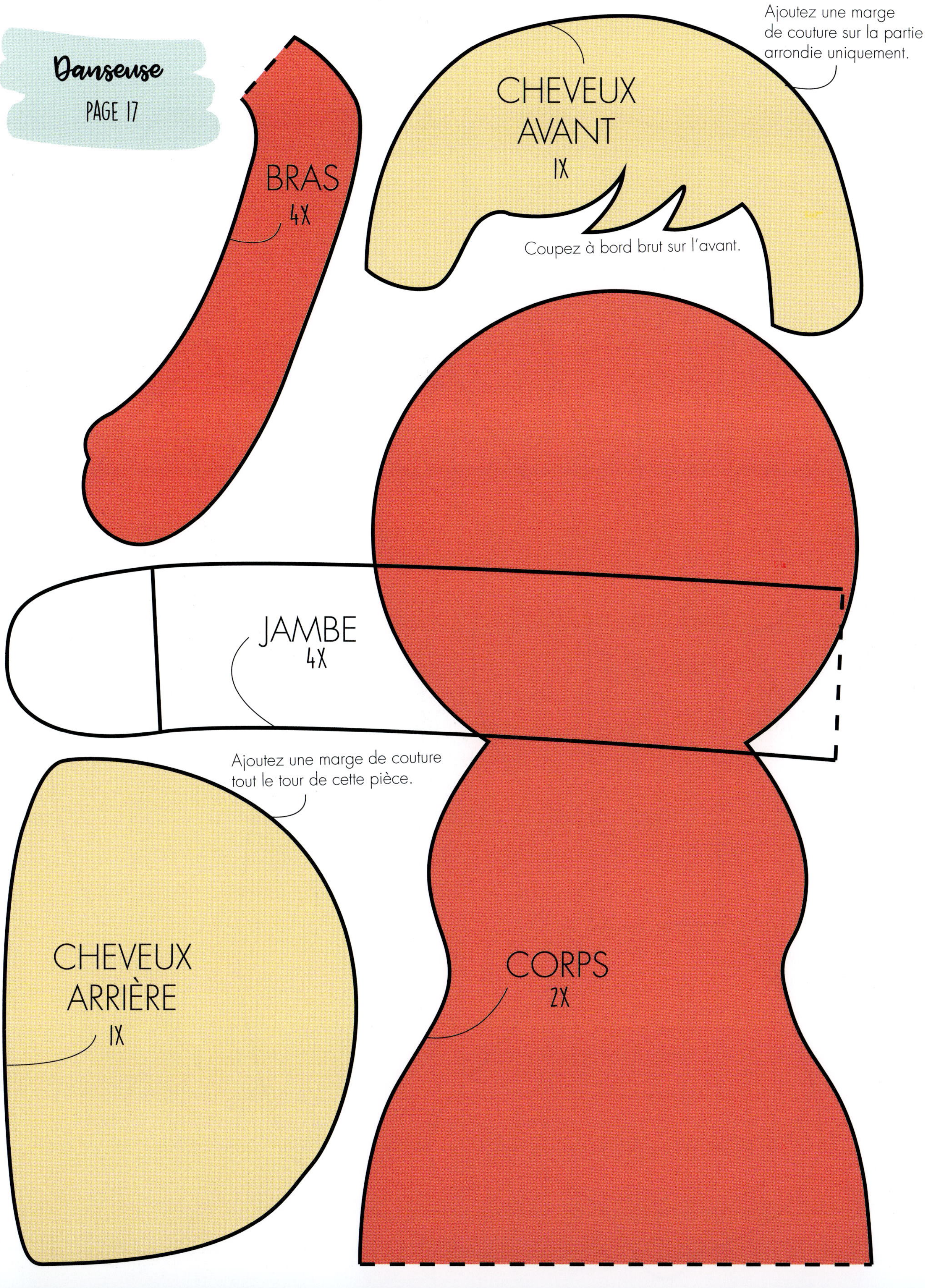

Petite Oie
PAGE 20

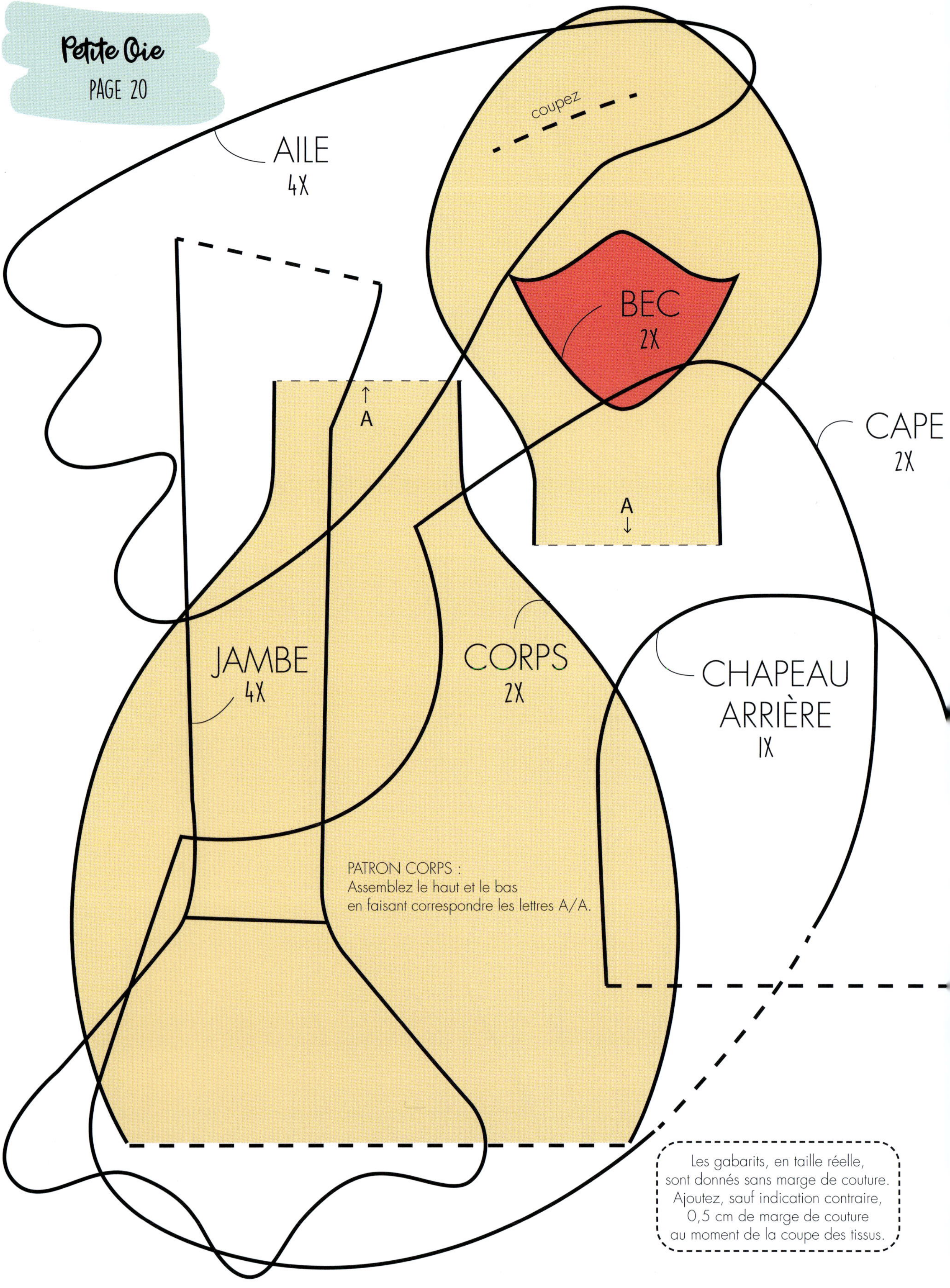

Les gabarits, en taille réelle, sont donnés sans marge de couture. Ajoutez, sauf indication contraire, 0,5 cm de marge de couture au moment de la coupe des tissus.

Poupée de chiffon

PAGE 26

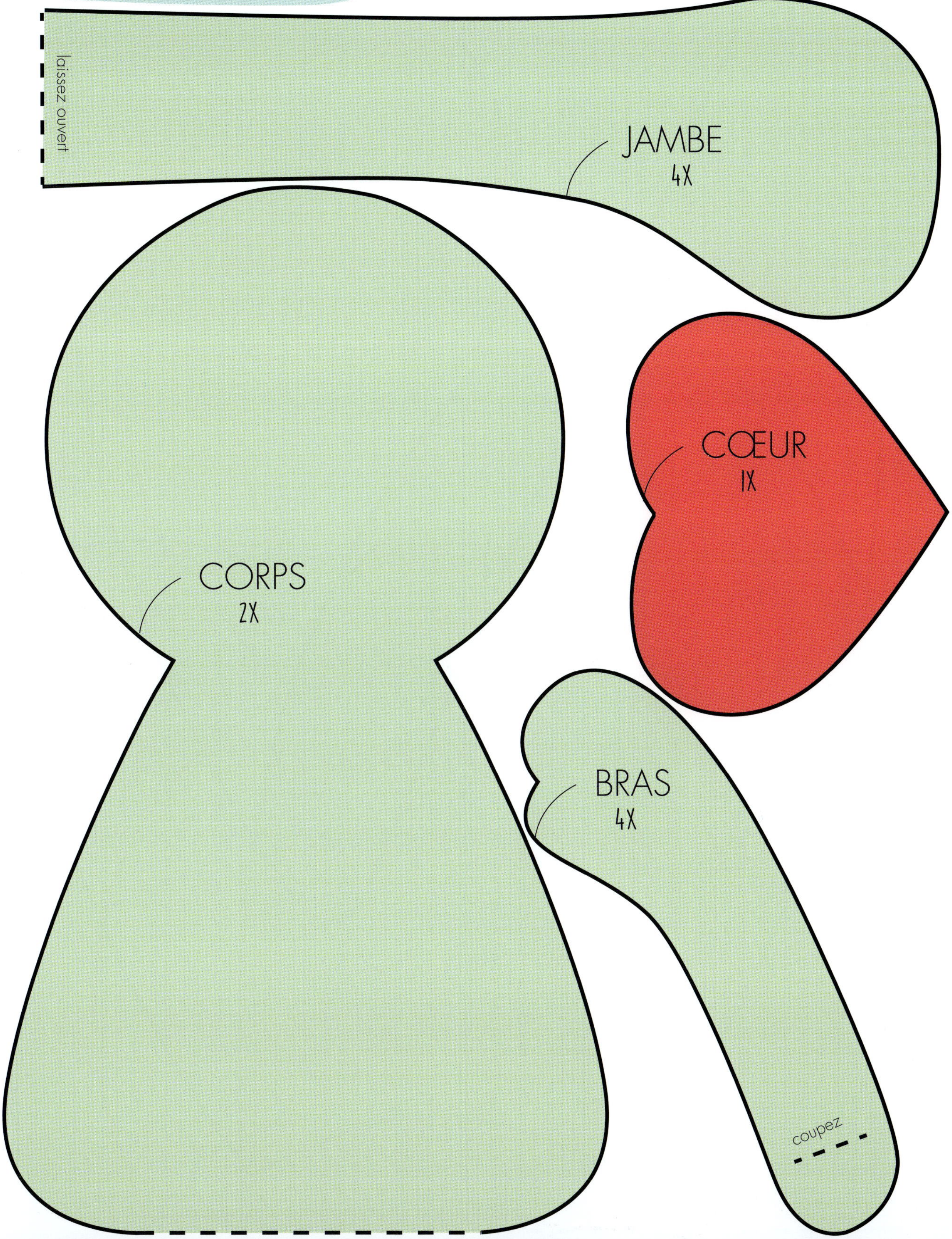

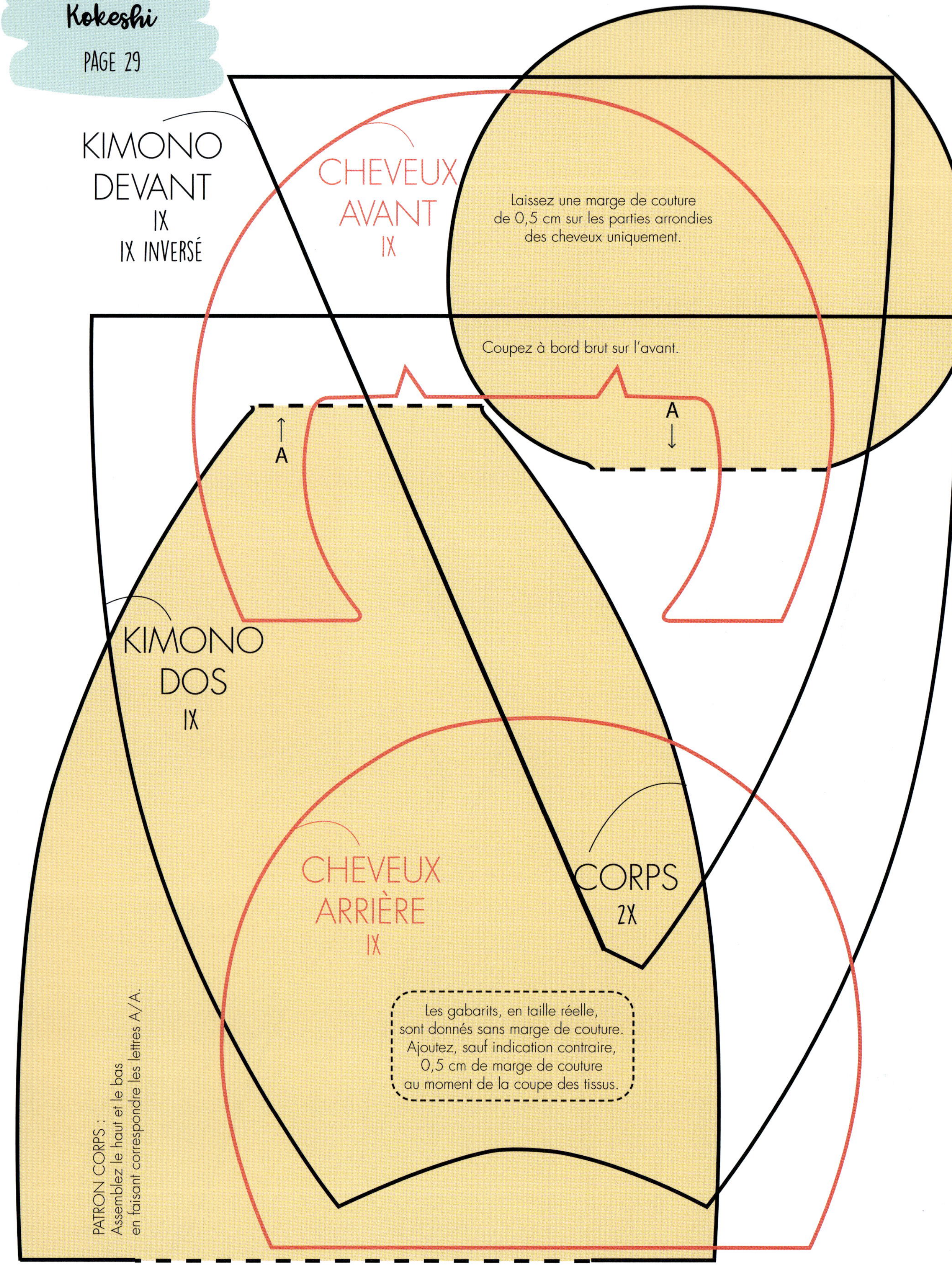
KIMONO DEVANT
1X
1X INVERSÉ
CHEVEUX AVANT
1X
Laissez une marge de couture de 0,5 cm sur les parties arrondies des cheveux uniquement.
Coupez à bord brut sur l'avant.
A
A
KIMONO DOS
1X
CORPS
2X
CHEVEUX ARRIÈRE
1X
Les gabarits, en taille réelle, sont donnés sans marge de couture. Ajoutez, sauf indication contraire, 0,5 cm de marge de couture au moment de la coupe des tissus.
PATRON CORPS :
Assemblez le haut et le bas
en faisant correspondre les lettres A/A.

Brebis lavande

PAGE 47

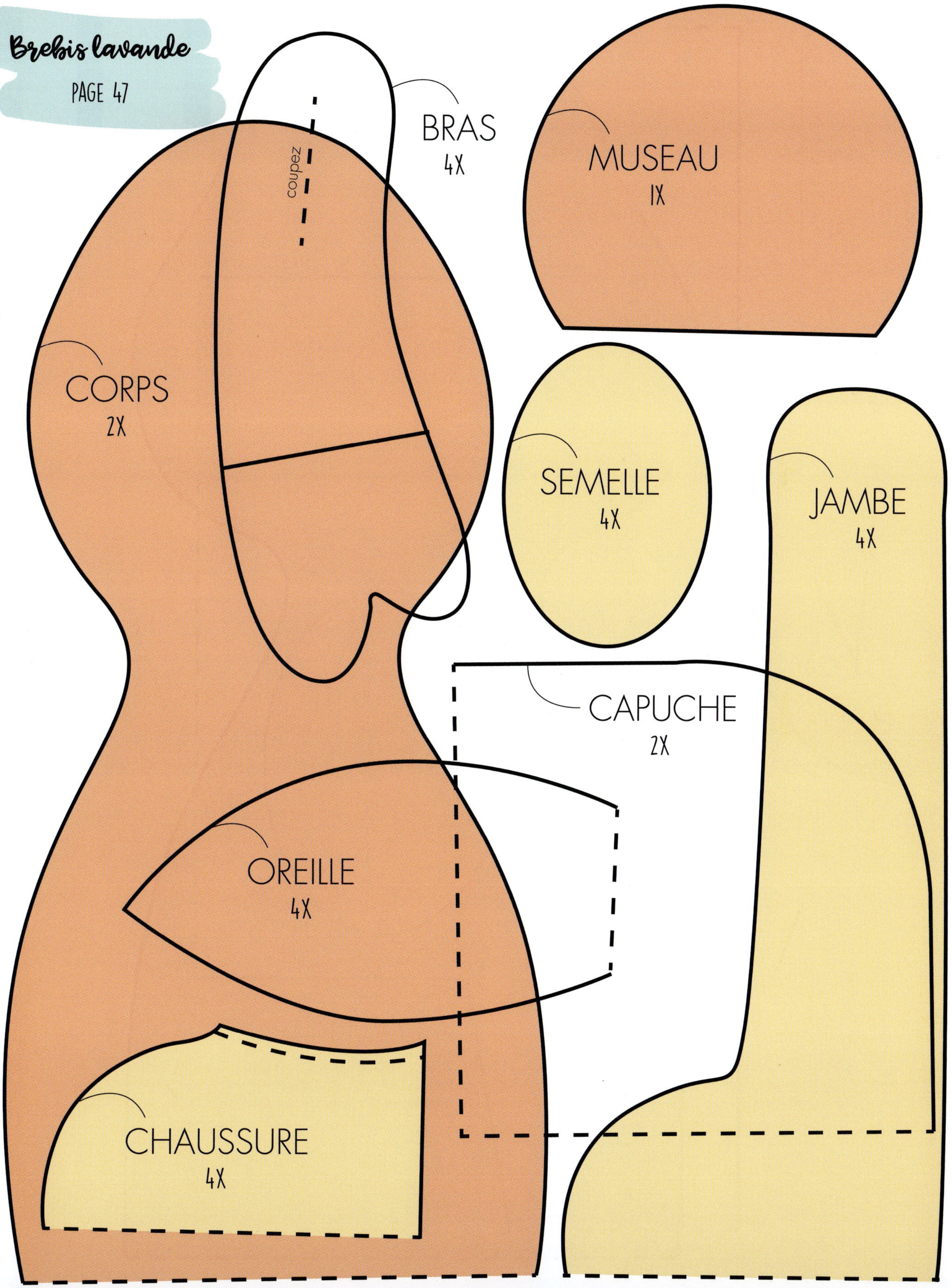

Les gabarits, en taille réelle, sont donnés sans marge de couture. Ajoutez, sauf indication contraire, 0,5 cm de marge de couture au moment de la coupe des tissus.

Rennes

PAGES 35 ET 38

Ourson

PAGE 45

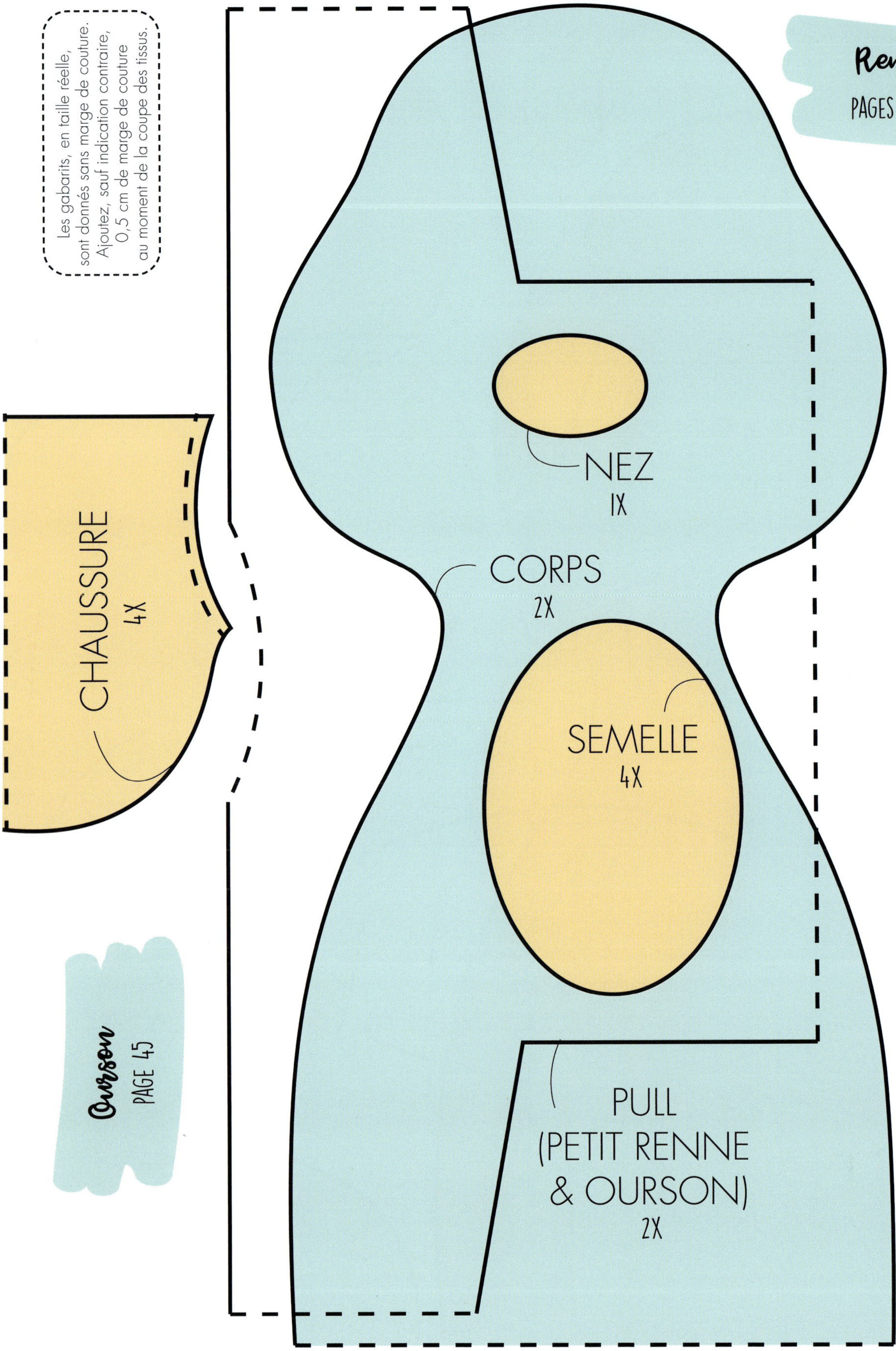

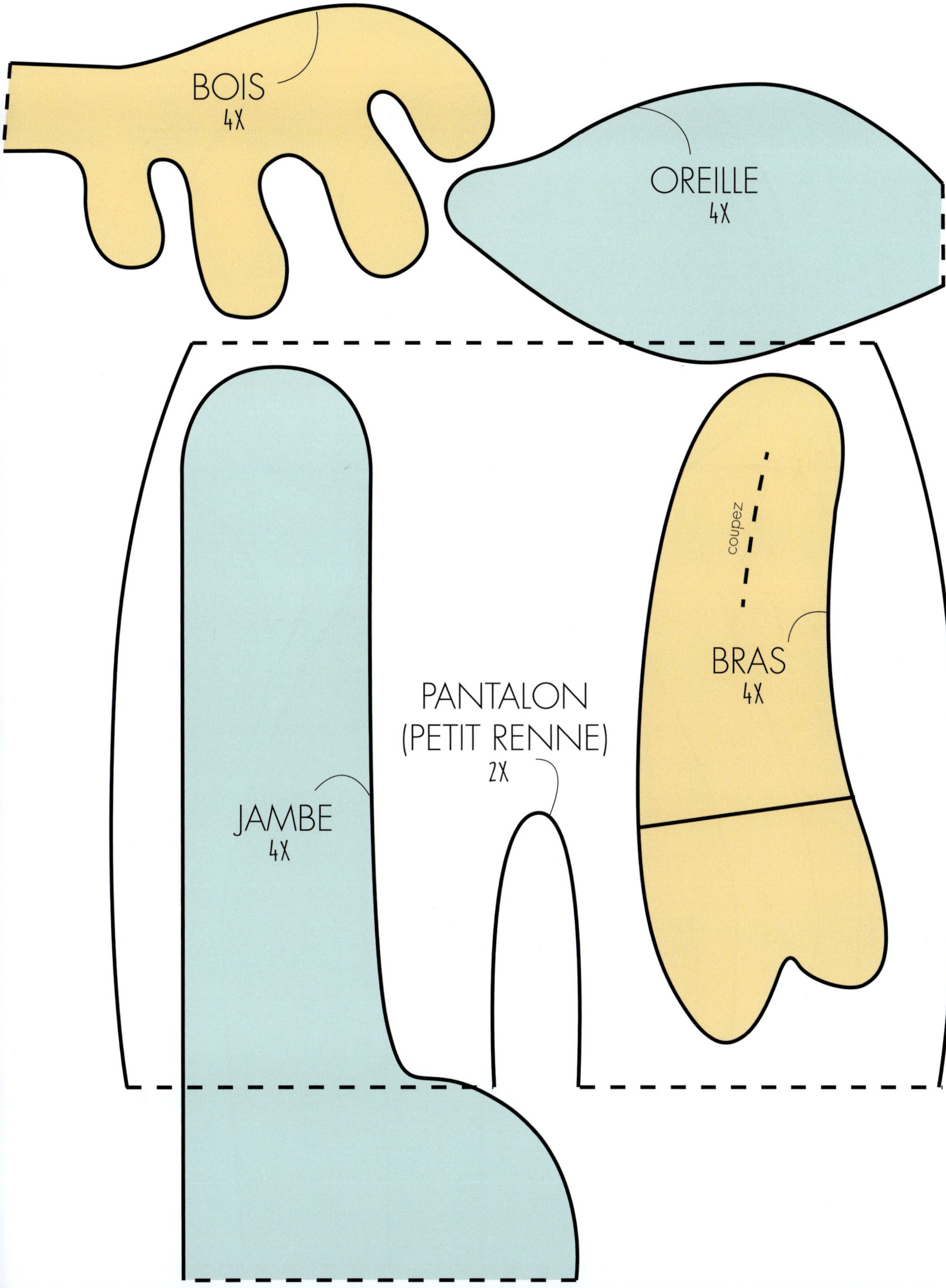
BOIS
4X
OREILLE
4X
coupez
BRAS
4X
PANTALON
(PETIT RENNE)
2X
JAMBE
4X

Oursons

PAGES 42 ET 45

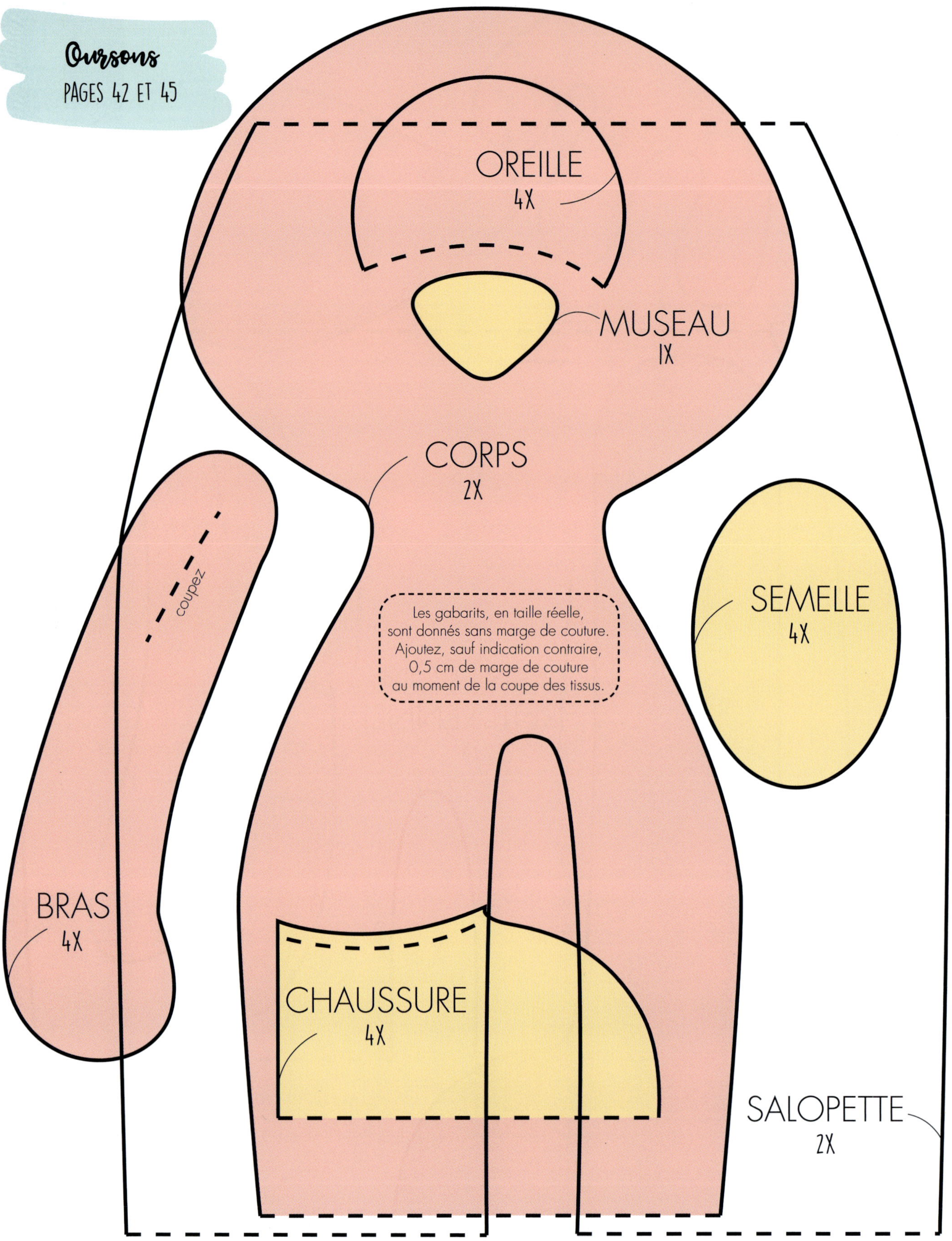

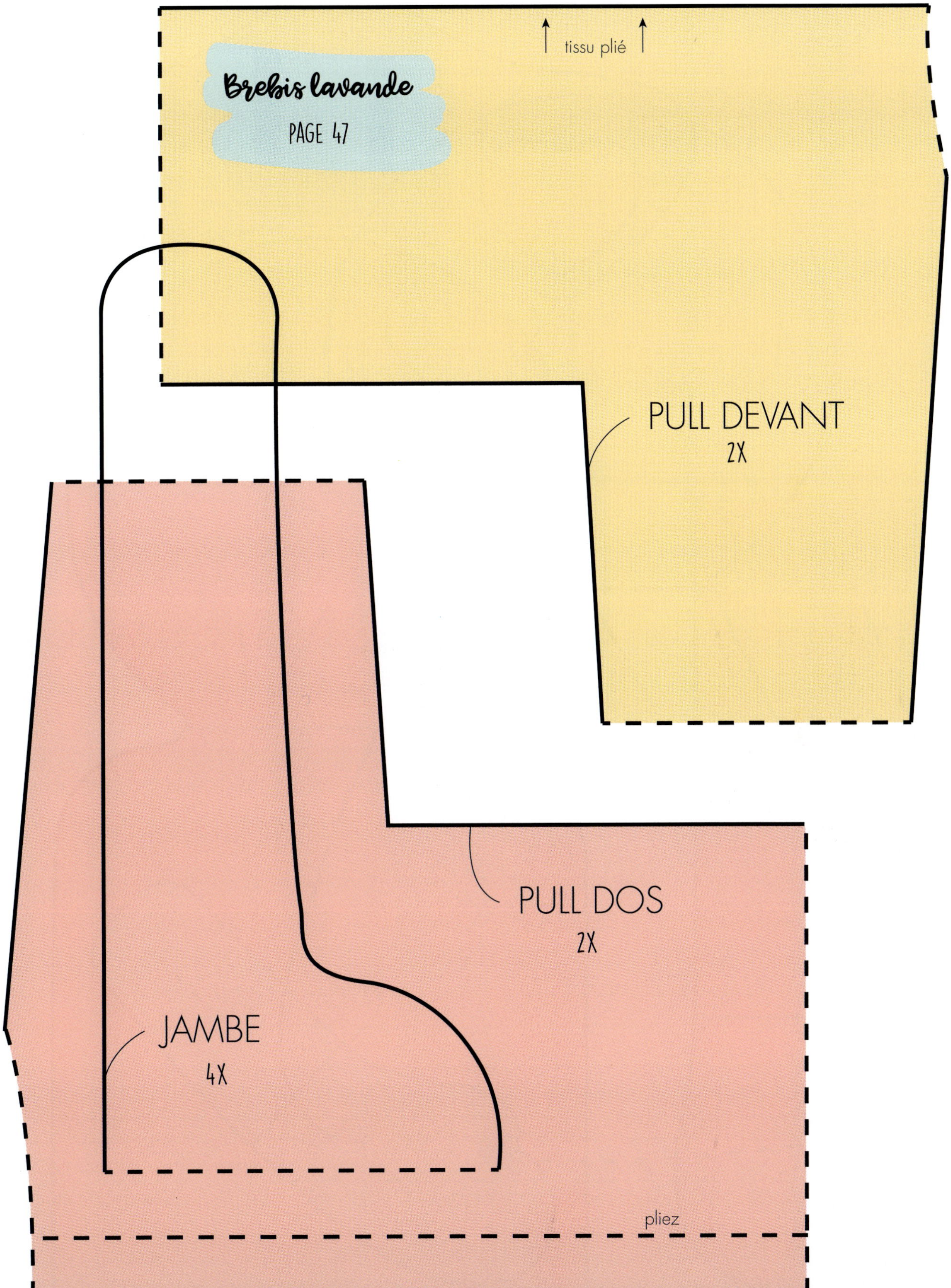
Brebis lavande
PAGE 47
tissu plié
PULL DEVANT
2X
PULL DOS
2X
JAMBE
4X
pliez

Pirates

PAGES 51 ET 53

Les gabarits, en taille réelle, sont donnés sans marge de couture. Ajoutez, sauf indication contraire, 0,5 cm de marge de couture au moment de la coupe des tissus.

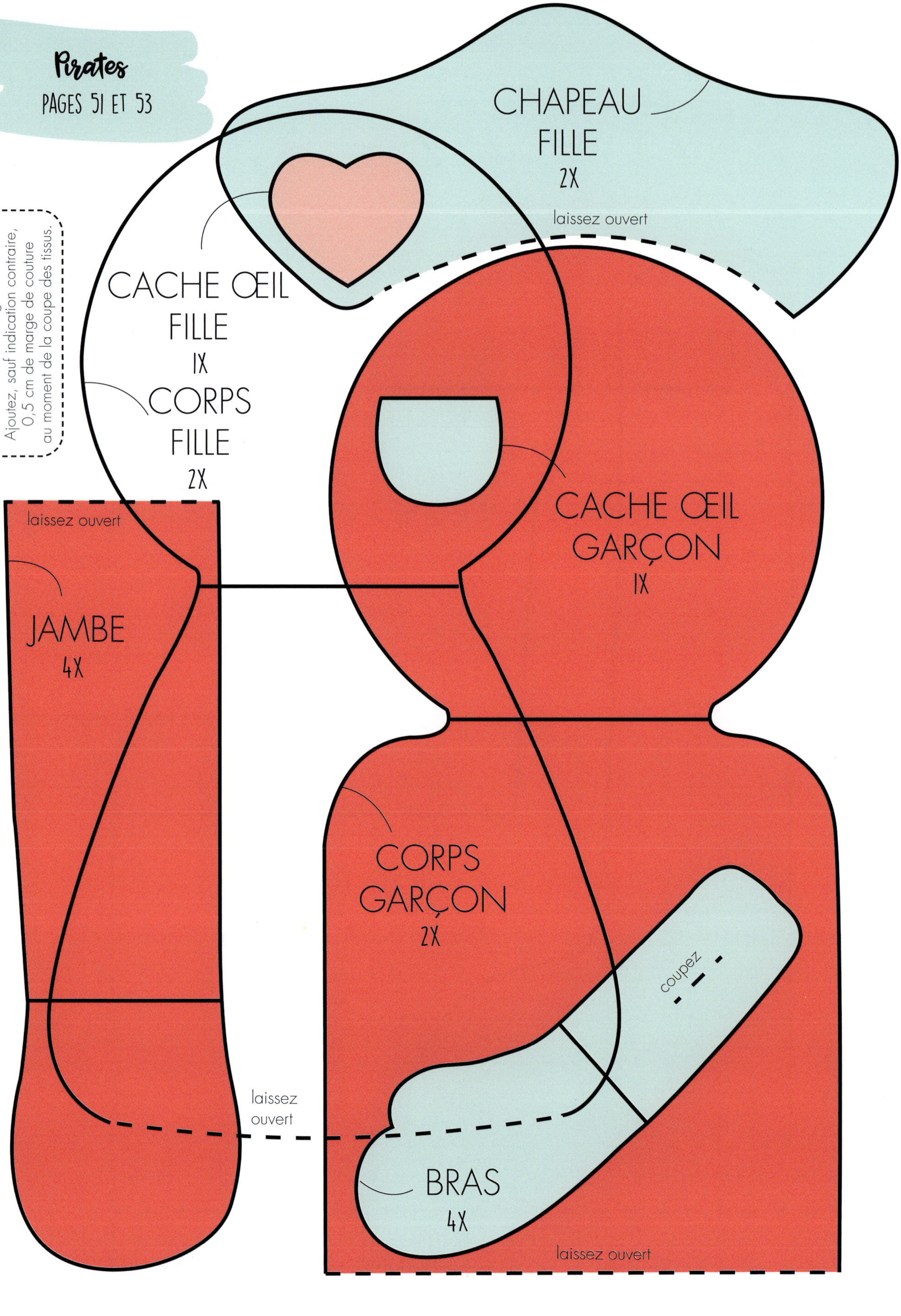

Sweet bunny

PAGE 54

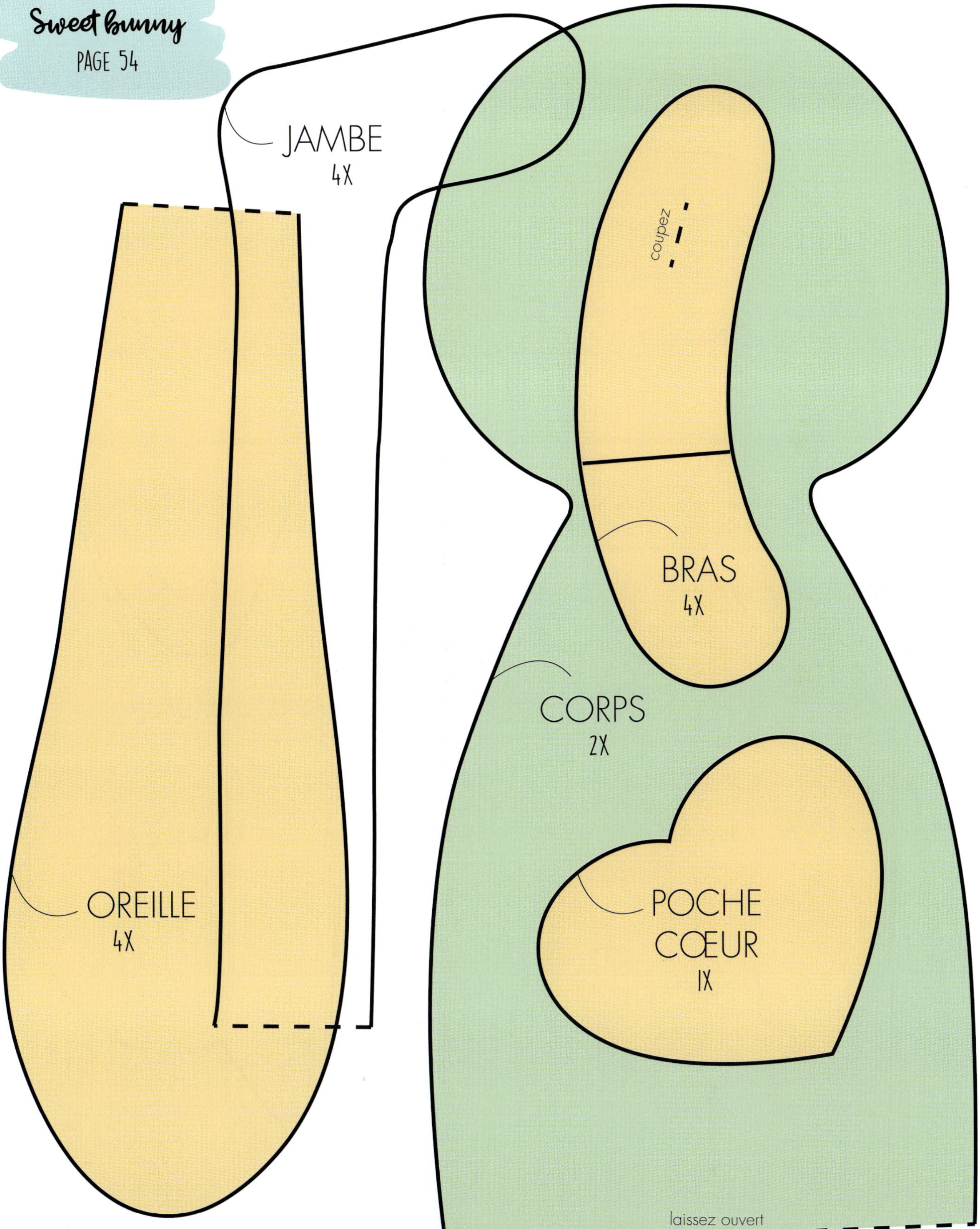

Petite fée des dents
PAGE 56

Les gabarits, en taille réelle, sont donnés sans marge de couture. Ajoutez, sauf indication contraire, 0,5 cm de marge de couture au moment de la coupe des tissus.

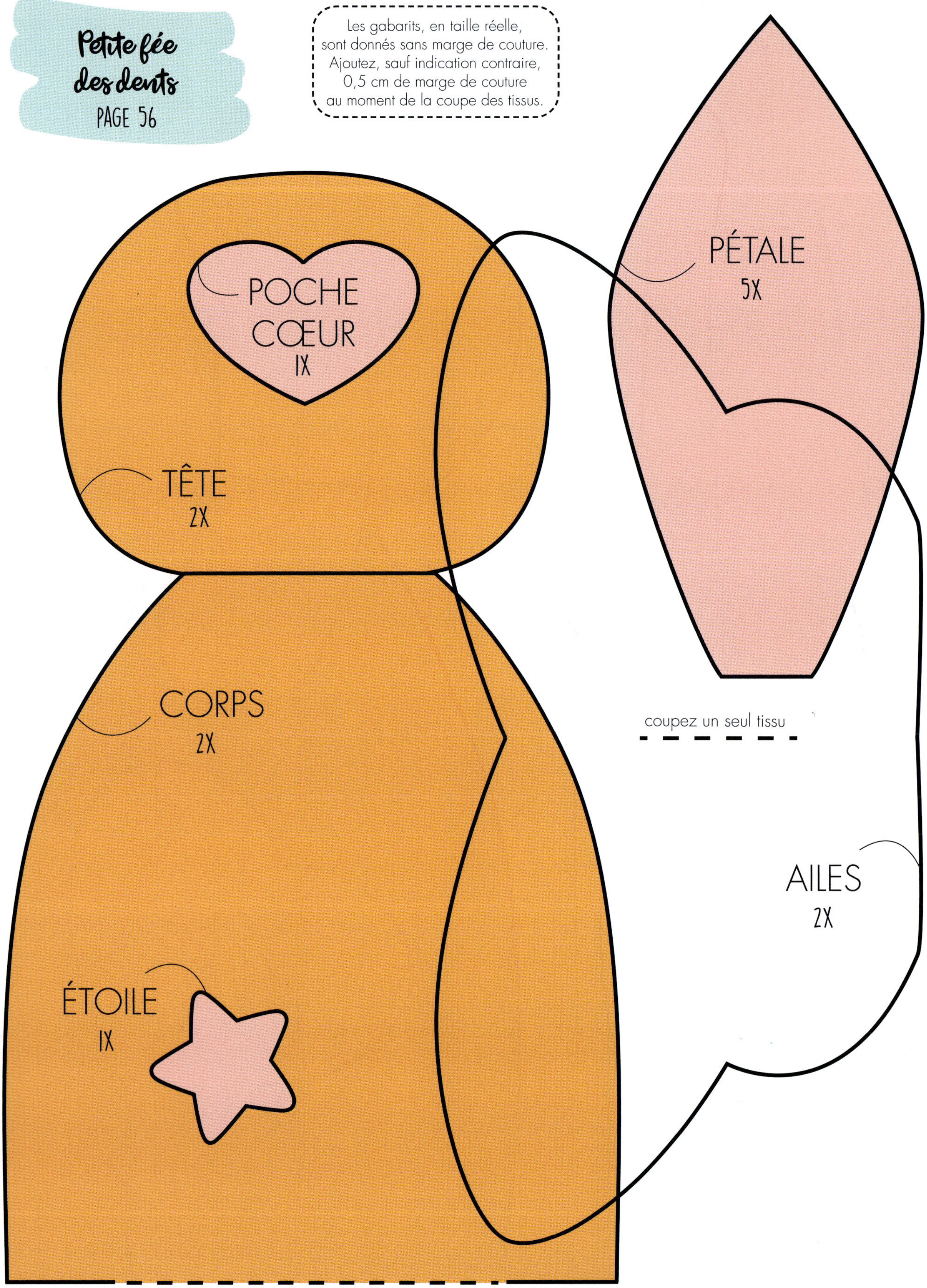

Frida
PAGE 61

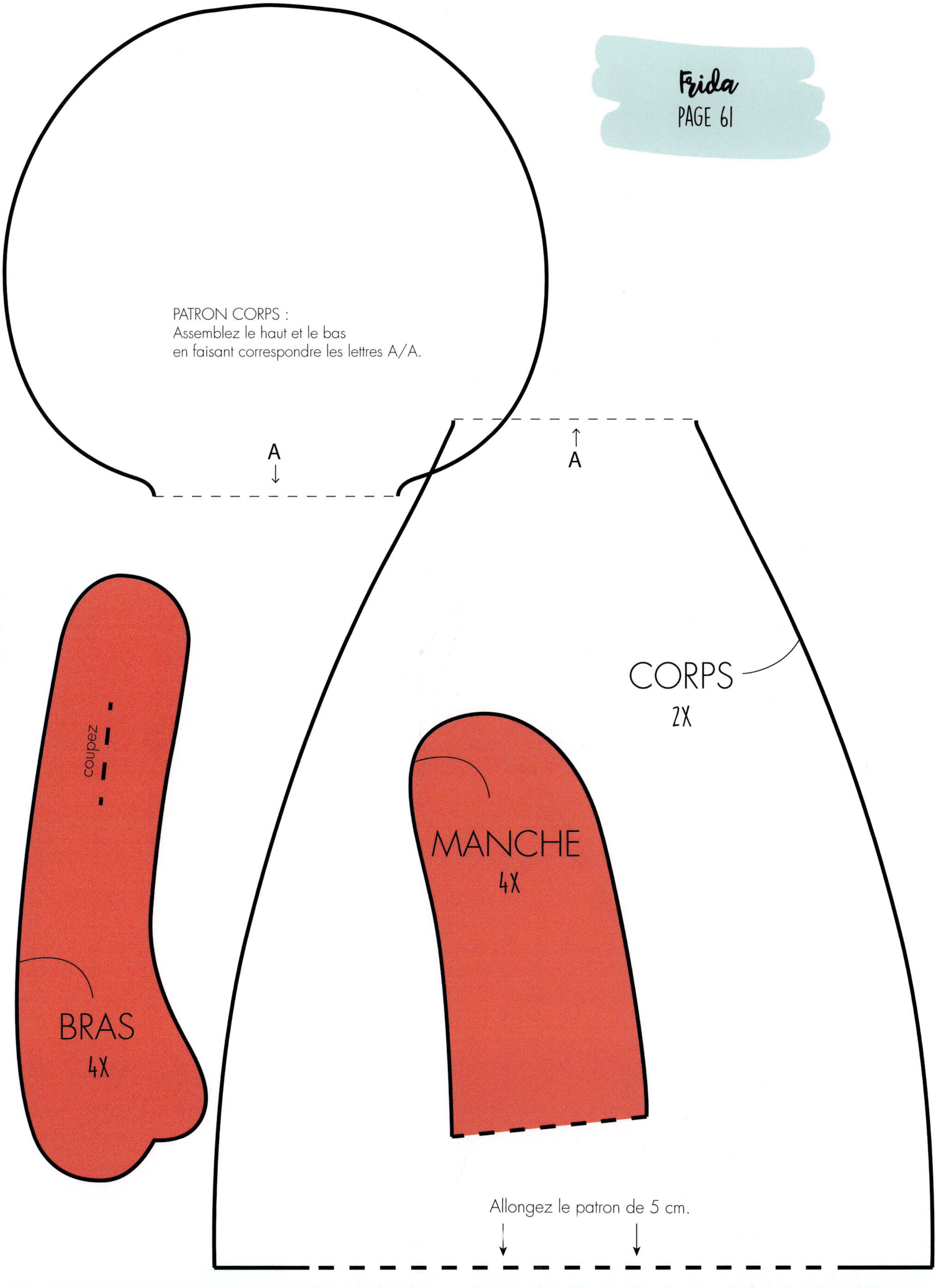

Conseils utiles

Pour reporter les patrons, utilisez du papier. L'idéal serait ensuite de passer du papier végétal à la cartoline, en utilisant du papier carbone. Parfois, il suffit de découper le patron et de l'utiliser. Pour dessiner le patron sur le tissu, utilisez un simple crayon à papier en carbone, un stylo textile ou une craie. N'oubliez pas que le dessin du patron est toujours effectué sur l'envers des tissus. Le rembourrage à utiliser dans les projets se trouve en vente au poids dans n'importe quelle mercerie. Rembourrez bien chaque projet afin que le tissu ne se froisse pas.

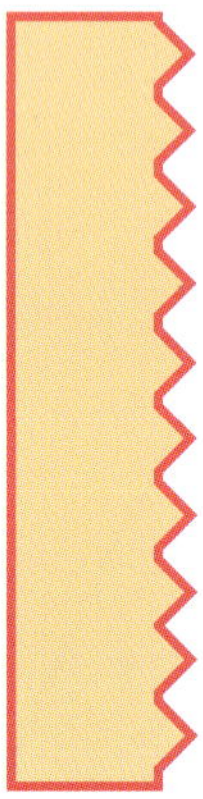

Ciseaux cranteurs

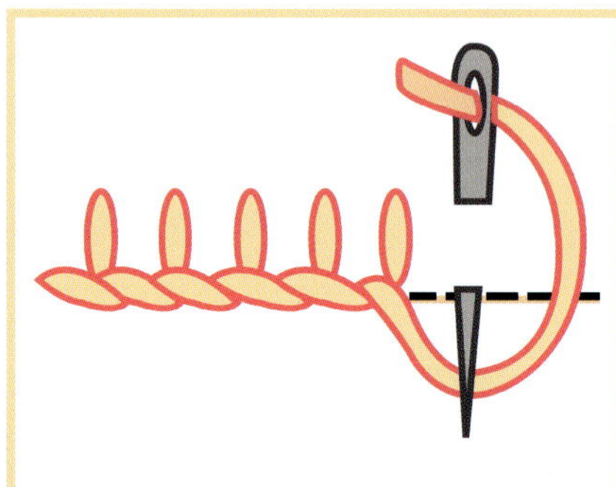

Point de feston

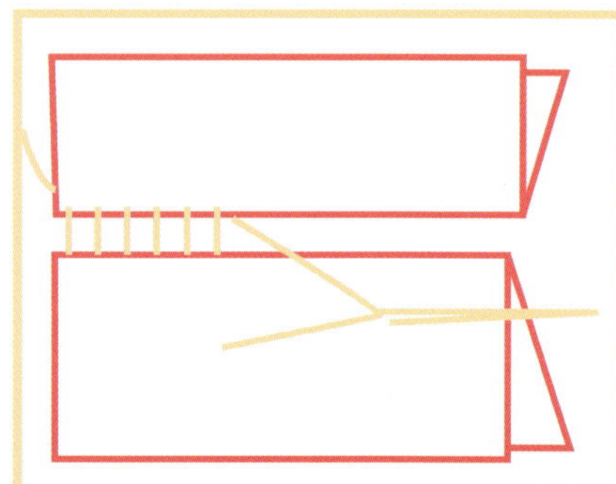

Point invisible

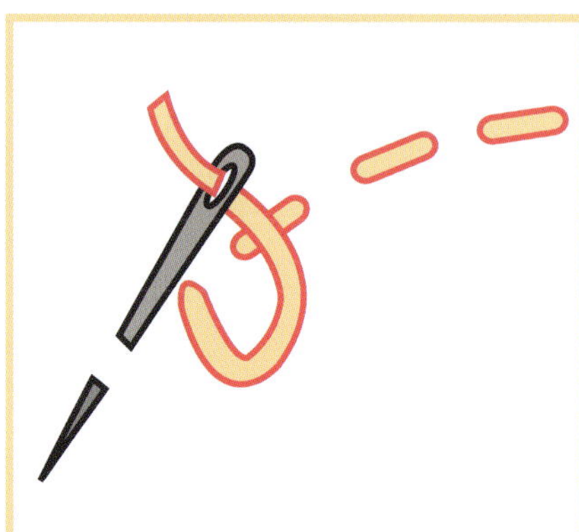

Point de fronce

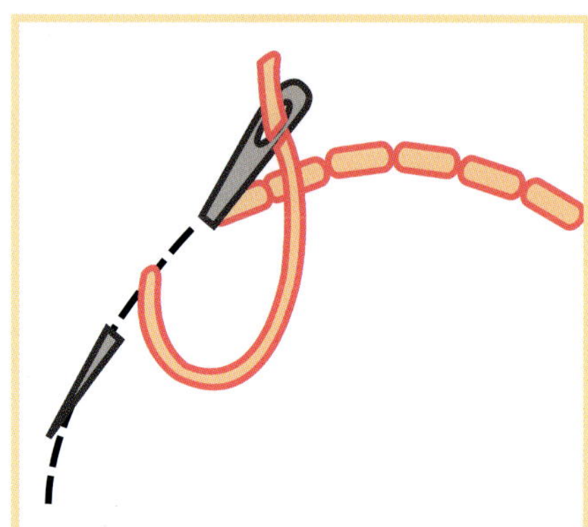

Petit point

Comment faire les angles

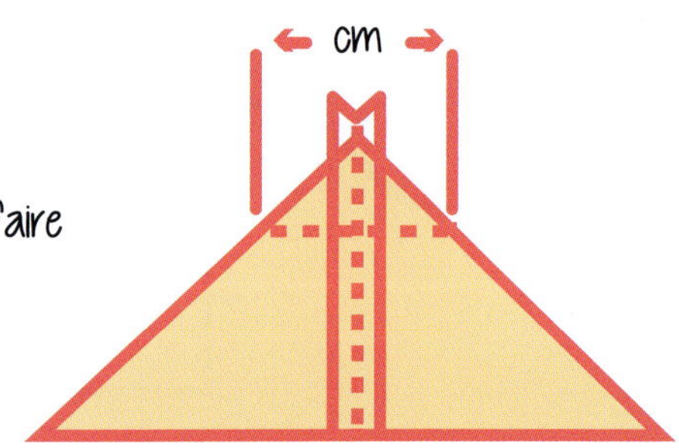

Je dédie ce livre à mon compagnon de vie, qui est toujours à mes côtés. À mes enfants, qu'ils pardonnent mes absences. À ma famille et à mes amis. À Fortunata, à Carla et à Luis, pour cette nouvelle aventure. À Sara, pour son professionnalisme et son engagement.

REMERCIEMENTS :

FABRICart®

https://www.fabricartstore.com

Ce livre a pour objectif d'offrir l'opportunité de grandir avec nos propres mains. Vous pouvez retrouver cette essence dans mes kits, les Kits « Coudre avec tendresse ». Ils fournissent tout le matériel nécessaire à la réalisation d'un quelconque projet Anita Catita. Ils sont très accessibles et ont été créés dans le but de développer en nous le goût de la couture, de fabriquer nos propres cadeaux et de les offrir avec amour. Ils sont faits pour être réalisés petit à petit et calmement, comme s'il s'agissait d'une thérapie, sans la prétention d'être des couturières expertes ou de les fabriquer à la perfection et sans erreurs.

facebook.com/anitacatita.pt youtube.com/AnitaCatitahandmade anitacatita.com

les éditions de saxe
13, rue Jules Verne
CS 40205 - 69630 Chaponost
www.edisaxe.com

Traduction : Isabelle Escoffier

Publié pour la première fois en février 2019 sous le titre "Anita Catita - Brincar e boneca" par les éditions DPPRINTS.

Auteure : Sandra Reis
Conception graphique : Sara Valente
Photographie : Lchacal
Édition d'image : Lchacal
Illustrations : Freepik ; Vecteezy ; Sara Valente
Textes : Sandra Reis
Révision de texte : Sandra Reis
Décor/Production : Sandra Reis et Carla Neves
Production graphique : Ulzama Digital

L'UNIVERS ENCHANTÉ EN COUTURE CRÉATIVE D'ANITA CATITA
MLDI329 - ISBN : 978-2-7565-3401-5
Impression en Europe
Dépôt légal : à parution